校园秘案

XIAOYUAN MI'AN

策划/孟凡丽　主编/袁毅

Wuhan University Press
武汉大学出版社

推荐序

1888年，达尔文曾给科学下过一个定义："科学就是整理事实，从中发现规律，做出结论。"科学带给青少年朋友的不仅仅是前人积累下来的各种知识，更重要的是它激发青少年朋友的探索欲望，并学着从纷繁复杂的表相中去探知事情的科学真相。

"中国青少年科学馆丛书"以最新奇的视角、最科学的体系介绍了贴近中国孩子学习生活的科普知识。这些来自生活和自然的探究性问题，使孩子们既感到有理解的能力，又感到有解决问题的信心，满足他们的好奇心和求知欲，激发他们探索的活力。

"中国青少年科学馆丛书"系列注重开发中国学生的主体潜能，让读者在探究式学习中认识科学，热爱科学，发展各种素质和个性，发挥学习的主体能动性，从而获得终身的持续发展。

让我们的青少年朋友从这里出发，从科普知识中不断认识自我、提高自我，不断提高学习能力和创新思维，培养好问、多思、质疑的良好学习习惯。

青少年科普阅读推广人 王文丽

审定序
[Shen Ding Xu]

　　每个青少年都是潜在的科学家，他们有着最强烈的好奇心，最浓厚的求知欲。"中国青少年科学馆丛书"以其全方位的内容体系、全新视角的解说、新颖有趣的互动、精美震撼的图片让青少年朋友挖掘自己的科学潜能。

　　在内容方面，"中国青少年科学馆丛书"选出兵器、历史、汽车、职业、探案、离奇事件、奇迹以及恐怖真相等8个中小学生最感兴趣的话题，为他们建构全方位的知识体系。

　　在视角方面，"中国青少年科学馆丛书"以全新敏锐的视角对各类知识进行解说，真正做到从读者的心理出发，以他们的角度去观察问题，解答问题，以便达到最佳的阅读效果。

　　在互动方面，学习知识的最好途径不是被动灌输，而是主动探索。"中国青少年科学馆丛书"在《探索汽车王国》《探索未来职业》《探索兵器时代》《探索历史悬案》中设置了"快问快答""奇思妙想"等互动环节，培养读者的探索精神。

　　在图片方面，"中国青少年科学馆丛书"通过数千幅精美大图，在这个读图时代打造最真实的视觉震撼。图文并茂的编排方式更是让读者拥有身临其境般的直观感受，并能深化对文字的理解和掌握。

　　每个人的一生都是在不断探索的，探索精神的强弱直接影响知识的多寡。让我们承担起探索真理的天职，在这套书的陪伴下，开始我们探索天下的征程！

北京少年科学社研究员　刘瑾

前言
FOREWORD

胆大者进来，胆小者走开！我们科学馆的神奇体验马上要开始了，我们要走进我们的校园，因为这里正屡屡发生神秘案件：老师离奇暴毙，水上浮起神秘尸体，窗台上13朵玫瑰昭示着什么，黑暗中是谁开了枪，16：30这个时间疑点在哪儿……你做好准备了吗？带上放大镜，搜寻一切可疑的蛛丝马迹，让我们的大脑高速运转起来，一切谜底就交给我们去揭示吧，我们是校园小侦探！

目录
CONTENTS

搜集现场蛛丝马迹
Collecting all trail in the scene

第二章

逃不掉科学的眼睛

分析罪犯作案过程

Analysis process of the criminal's crime

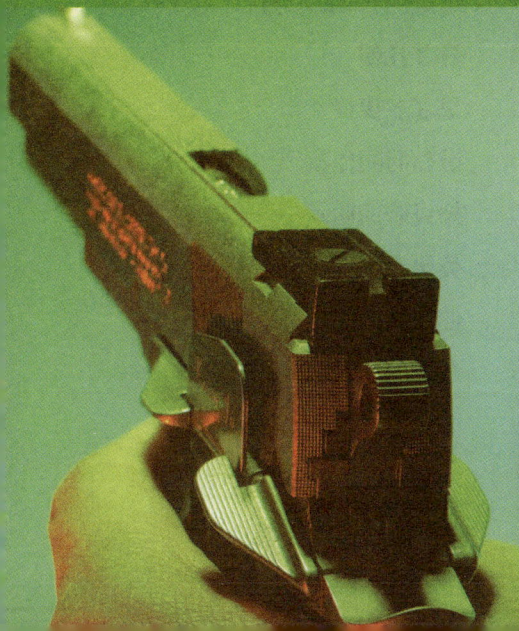

破解案件背后真相

To solve the truth about the case

第一章
Chapter I

凶手留下的
蛛丝马迹

破绽

夜深人静，空荡荡的校园里阴森极了。忙了一天的老师和学生早就回家了，只有门卫的老大爷还留守在他的阵地，可是，他也进入了梦乡。

这时，一个小偷贼头贼脑地来到学校门口，将头靠近门卫大爷的窗户，发现大爷睡得正香，于是，他大摇大摆地来到校长的办公室，开灯之后，坐到办公桌前，打开没有上锁的抽屉，但是他并没翻动里面的东西就将抽屉关好了；接着他又打开校长的文件柜，取出自己需要的重要文件，再小心翼翼地把文件柜关好。

最后，他又来到保险柜前，轻而易举地将保险柜打开，取出里面所有的钞票，然后想办法恢复到保险柜原来的模样。

一切工作都做好了，这时，

小偷又想起师傅嘱咐过他的话："在出门之前，把所有用手摸过的地方都用手绢擦了一遍"。他又拿出一块洁净的手帕，将所有用手摸过的地方认认真真地擦一遍，临走时还将墙上灯的开关擦了一遍。最后，用腿将门带上离开了。

除非有人取文件或打开保险柜，否则没人知道我来过！小偷得意地想。

可是小偷还没走出学校的大门，门卫大爷已经在那里等候他了。你知道小偷的破绽究竟在哪里吗？

破案秘"匙" THE KEY

小偷虽然在作案后将所有摸过的东西都用手帕擦拭了一遍，但是他忘了一个重要的细节——关灯。

在漆黑的深夜，门卫大爷一下就发现了校长室亮着的灯光，所以断定有小偷出现。

一句话的魔力

听说最近校园里非常不安全，经常有同学丢东西。

"我有一个大新闻，听说王老师抓到了小偷！"班级里的"小喇叭"一进教室就开始喊。大家赶紧朝门外的走廊看去，果然看见王老师将一个二十几岁的小伙子带进了办公室，并开始盘问他偷东西的原因。

可是王老师没有想到，这个年轻的小伙子居然是个聋哑人。没有办法，王老师只能进行书面盘问。大概半个小时以后，盘问结束了。王老师沉思了一会儿，对小伙子说了一句话。可是，这一句话暴露他确实是小偷，那么，你知道王老师说了什么吗？

破案秘"匙" THE KEY

　　书面盘问的过程中小伙子一直否认，但是最后王老师说了一句"你可以走了！"自称是聋哑人的小伙子居然听见了，转身就要走。

　　可想而知，小伙子只是在伪装聋哑人作案。

神秘日本刀

太阳升起来了，操场上的空气新鲜极了。勤劳的刘阿姨又在给小草浇水呢，小草喝饱了水，一定会变得更精神。

突然，一大摊鲜血呈现在刘阿姨面前，顿时，一种恐惧的感觉笼上心头。刘阿姨抬头向远处一看，只见一个仰面朝天的男人躺在草坪中间，看起来人已经死了，在男人的左边胸口上还插着一把日本刀。

校园里的名侦探宋勇闻声赶了过来，他在尸体周围查看了一圈，发现在以死者为中心的25米范围内只有死者的脚印，没有其他人的脚印。而且无论怎么找，他都没有发现死者身上那把日本刀的刀鞘。难道这名男子拿着一把明晃晃的日本刀，来到学校自杀的？

可是，宋勇说这名男子肯定不是

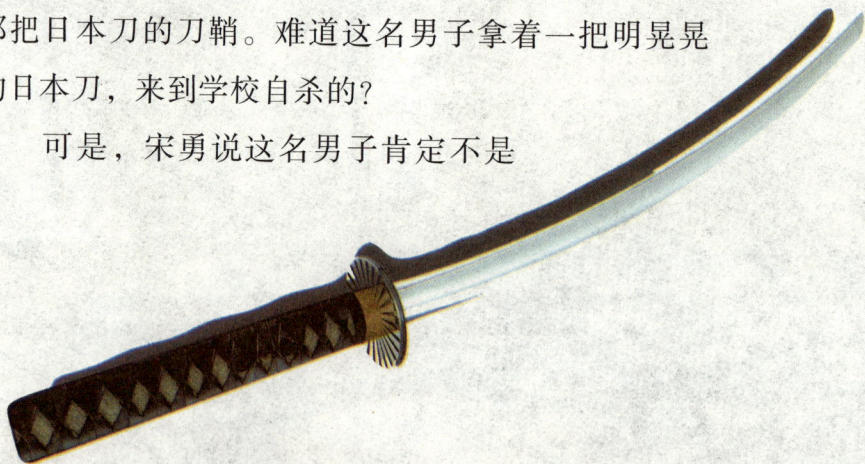

自杀，他已经知道死者是怎么死的了。你知道死者究竟是怎么死的吗？

破案秘"匙" THE KEY

死者周围没有脚印并不代表死者就是自杀，或许是凶手将日本刀当作弓箭，从25米以外处射向男子的。而且，在死者身边没有找到日本刀的刀鞘，这更印证了这种推测的正确性。

真正的主人

　　放学的铃声响了，彤彤兴冲冲地跑出教室，因为今天妈妈要给他做他最爱吃的红烧肉。

　　彤彤刚跑出学校大门，就看见马路对面的房子旁边有一个鬼鬼祟祟的人影。那个人一直晃来晃去，彤彤觉得很可疑，马上朝着那个可疑的人走过去。

　　"先生，你是这家的主人吗？"彤彤严肃地问。

　　"对，我就是这家的主人！"可疑男子边说边朝院子里的一只长毛狗招手，长毛狗摇头摆尾地跑过来了。

　　"看，这是我们家的小母狗凯特，它认得我！"说

完，可疑男子拿出一块饼干送到长毛狗的嘴里。

长毛狗叼着饼干，得意扬扬地跑到一根电线杆旁边。将饼干吃完后，翘起后腿就在电线杆底下撒了一泡尿。

可疑男子并没有注意到这些，但是彤彤全都看在眼里。然后彤彤着对可疑男子说："我是不是应该带你去警察局？"

你知道彤彤根据什么断定可疑男子一定不是这家的主人吗？

破案秘"匙" THE KEY

彤彤很有生活常识，因为他知道，只有公狗才会翘起后腿撒尿，母狗是不会翘起后腿撒尿的。而可疑男子对彤彤说他的"凯特"是一只母狗，难道作为长毛狗的主人会不知道自己家的狗是公狗还是母狗吗？所以，可疑男子一定不是这家的主人。

至于小狗看见可疑男子就跑过来，这说明他在这里已经观察很久了，并且喂过小狗食物。

遗书中的日期

　　新学期开学了，学校里居然来了好多外国小朋友。看他们金黄的头发、蓝色的眼睛，总觉得有点说不出来的古怪。不久，离奇古怪的事情还真的发生了。

　　早上8点钟，同学们都已经离开宿舍到操场上做早操了。宿管阿姨正在检查有没有调皮的小朋友睡过了头，忘记去上课。当阿姨走到三层的第一个宿舍的时候，果然有一个英国小女孩躺在床上。宿管阿姨赶紧走进屋子想叫醒她，可是小女孩"睡觉"的样子把她吓坏了。小女孩嘴边还淌着白沫，双手抓着头发，一副很痛苦的样子。

　　宿管阿姨赶紧拍了一下小女孩，她没有动。阿姨又拍一下，她还是没有动。这时宿管阿姨害怕了，把手轻轻放在她鼻子下方，"天啊！"小女孩居然已经死了。

宿管阿姨赶紧叫来老师和校长，他们发现小女孩的书桌上放着一封遗书。老师赶紧打开遗书，里面的字全部都是打印的，只有下面的姓名和日期是手写的。

喜欢侦查的刘老师凝视着遗书上的日期——1.23.2008，然后对大家说："我敢肯定，凶手一定是美国人，这封遗书不是她自己写的。"

所有人都非常疑惑，你知道刘老师是根据什么做出的推断吗？

破案秘"匙" THE KEY

刘老师看了遗书上的日期就断定凶手一定是美国人，因为刘老师知道美国人和英国人的差异：美国人写日期都是先写月份，后写日期。而英国人刚好相反，英国人都是先写日期，后写月份。

密文玄机

　　下课的铃声已经响了，可张老师还没有离开教室。难道张老师今天又要给我们出什么难题吗？

　　果然，张老师从背包里拿出一张神秘的字条，对大家说："最近我们学校小偷很多，不过昨天有一个嫌疑犯被我们抓住了，只是这个嫌疑犯一口否认。我们只在他的衣服里发现了这张字条，可是这并不是充分的证据，我们无法将他送到警察局。看看字条，你们谁有什么好主意？"

　　张老师的话引起了大家的兴趣，所有的同学都蜂拥来到了张老师面前。只见字条上写着"朝：东西已拿到，火车站见面。"

　　同学们都你看看我，我看看你，猜测这样一张简单的字条有什么意义呢？最爱动脑筋的大鹏先说话了："我们抓到的嫌疑人一定还有其他的同伙，他想将偷的东西转交给他的同伙。"所有人都觉得大鹏说得有道理，但是问题又出现了。纸条上只有接货地址，没有接货的具体时间，想要将他们一举抓获也无从下手呀！

　　只见大鹏将字条仔细地看了一遍，然后若有所思地笑了，

"我知道了，我们现在就可以将嫌疑犯送进警局了。"

张老师和其他小同学都没弄清楚事情的原委，你知道大鹏是怎样破解出这张字条的吗？

破案秘"匙" THE KEY

虽然字条上只写着"朝：东西已拿到，火车站见面。"但是这个"朝"字可以拆成"十月十日"，而"朝"本身又有"早晨"的意思，也就是说，嫌疑犯要和他的同伙在十月十日早上交接。

操场上的命案

退休的老校长一直有晨练的习惯，听说他的晨练习惯已经坚持30多年了。

初春的一天早上，老校长没有吃饭就来到操场上跑步，可是他没有想到死神正悄悄地向他走近。老校长刚跑出几步远，突然觉得身后有个身影在跟踪他。起初，他还以为是一起晨练的年轻人，但是为什么那黑影越来越近呢？

突然，"黑影"举起一个金属工具朝老校长的头打来，还没等老校长反应过来，他就已经倒在地上了。"黑影"将老校长身上所有值钱的东西全部拿走，并迅速跑开，没有留下任何的犯罪证据。

不知过了多久，老校长的尸体被打扫卫生的阿姨发现。此时的老校长已经满头鲜血，紧闭双眼，手里还握着他最心爱的大烟斗。

由冬冬率领的"校园侦查队"第一时间赶到事发现场，经过调查，他们发现，当天早上在操场上出现的一共有三个人：当天早上在操场旁边的马路上遛狗的刘老师、当天早上在操场的看台上织毛衣的孙老师、当天早上在操场的小树林里写生的董老师。

根据推理，老校长一定是被重物攻击头部致死的。同时也可以断定凶手只有一个，会是这三个嫌疑人中的哪一个呢？

冬冬经过一连串的考问后，果断地说："我确定，凶手一定就是刘老师。"

大家都开始猜测，莫非冬冬调查出刘老师平日里与老校长有恩怨？那么你知道冬冬是根据什么断定刘老师就是凶手的吗？

破案秘"匙" THE KEY

很明显老校长是被重物攻击的，那么就要以这个重物为出发点开始侦破。

孙老师手里只有毛线和织衣针，没有攻击性；董老师手里的画笔更不可能将一个人致死。刘老师在遛狗，那么一定有狗链绕在他手上，狗链是金属制成的，足够将年迈的老校长打死。

遗漏的证据

　　不要小瞧班级里天天惹祸的大宝，听说他的爸爸一个非常出色的警察呢。大宝一直以爸爸为骄傲，总向我们讲述一些爸爸侦破案件的绝招。听听，大宝又在讲"杀人案"呢！

　　"一个酷热难耐的午后，警察局里的叔叔阿姨都在忙着自己手头上的工作。突然，一个神色紧张的老妇人匆忙闯进警察局，她说在自己家楼下的大门旁边有一具尸体，浑身是血，连眼睛都是睁着的。

　　李叔叔迅速赶到事发现场，眼前的惨状让李叔叔吓了一跳。地上的男子眼睛睁得大大的，好像在向杀害他的人质问。

最令人惊奇的是，被害男子的右边手臂上还打着石膏，左手拿着一把锋利的匕首。经过法医断定，男子的死亡时间应该是在早上七点，并在死者的左裤袋里发现几张百元钞票，右裤袋里发现一个打火机和一包烟。

李叔叔断定死者是被谋杀的，并且，他断定死者身上的衣服一定是被害后，凶手给他穿上去的。果然，几分钟后李叔叔赶到死者的家里，真的在他的浴室里发现了血迹。"

大宝讲到这里，突然停住了，他一定是想给我们留下悬念。那么，你知道李叔叔究竟是根据什么说死者就是被谋杀的，并且死者的衣服也是后穿上去的呢？

破案秘"匙" THE KEY

通过法医对尸体的检查可以发现，死亡男子的右臂受过伤，而且一直都打着石膏。那么很显然，死者肯定不会将自己常用的打火机和烟放在右裤袋里。

既然在死者的右裤袋里有他常用的物品，那么衣服一定是被后穿上去的。也就是凶手作案的时候，被害者在洗澡。在死者浴室里发现的血迹也证实了这一点。

办公室里的走私贩

　　我市警察正在破获一起特大走私案，警员们动员了社会上一切力量协助侦破。这一天，他们找到了"校园侦探队"的小成员，并向小成员们描述了犯罪分子的长相和说话特征。"校园侦探队"的每一个人都将警察叔叔所描述的内容深深记在心里，无论走到哪儿都悉心留意周围可疑的人物。

　　星期一下午，"校园侦查队"的队长到老师办公室里拿作业本。突然，两个"熟悉"的身影出现在自己面前。那两个人盯着小队长的一举一动，脸上没有任何表情。队长仔细一想，仿佛想起了什么，"天哪！他们不是警察正在抓捕的走私贩吗？"

　　现在该怎么办，直接将他们带到警察局一定不可能，或许他们身上有枪。终于，小队长想出一个好主意，他走到老师身边

说："老师，我想给我妈妈打个电话。"经过老师的允许后，小队长拿起电话。"妈妈，你在家吗？我现在在班主任张老师的办公室里，身体有点儿不舒服，你们能过来一下吗？"

没过一会儿，小队长就听见警笛声从远处传来，越来越近。走私贩刚想逃跑，可他们已经被警察包围了。这时再看看我们的小队长，他正在得意地笑呢。你知道他是怎么通知警察的吗？

破案秘"匙" THE KEY

实际上，小队长在老师的办公室里并没有给妈妈打电话，而是将电话直接拨到了警局。但凶狠的走私贩就在身边，小队长假装说自己病了，在几句平常的话中就将自己的地址透漏给了警察。

防盗玻璃

学校的庆典晚会上真是人山人海，有我们精心编排的舞蹈，还有老师在舞台上大显歌喉。可是无论多么精彩的表演都比不上这台庆典晚会的主角——一颗校长珍藏多年的钻石。

这是一颗璀璨的蓝钻石，陈列在校长精心打造的展柜里。每一个到场的客人都会在钻石旁驻足许久，羡慕校长能够拥有这样一颗美丽的钻石。

正当大家谈论得热火朝天时，意外的事情发生了。晚会的灯突然全部熄灭了，大家顿时乱了方寸，舞台上的表演者匆忙跳下舞台，舞台下面的观众惊慌地呼喊着。随即，一声尖锐的枪声将所有的呼喊声都压住了，"全都不许动！"一个可怕的抢劫犯恐吓着。

大家什么也看不见，只知道自己随便动一下就可能会失去性命。时间在一分一秒地过去，大家觉得一分钟像一年那样漫长。"哐当"一声，击碎玻璃的响声将大家的心提到嗓子眼，

校长顿时觉得大事不妙，劫匪一定是奔着那颗钻石来的。可是陈列钻石的展柜是用防弹玻璃制成的，应该不至于用一个利器就轻易击碎，难道这里面另有蹊跷？

劫匪拿到钻石匆忙逃走了，校长赶紧跑到钻石的展柜旁，果然，防弹玻璃被敲出了一个大洞。这时，平日里喜欢看侦探小说的大兵说话了："我知道偷钻石的人是谁了！"

所有人都疑惑地望着大兵，那么，你知道偷钻石的人应该是谁吗？

破案秘"匙" THE KEY

大兵坚决地说偷钻石的就是制造这块防弹玻璃的人，因为完整的防弹玻璃很坚硬，但是，如果玻璃上面有一道小小的裂缝就会变得和普通玻璃一样脆弱。

制造这块防弹玻璃的师傅一定是事先就策划好了一切，他将玻璃故意做出一道不明显的裂缝，然后伪装来到学校的庆典晚会上，用锤子使劲敲击一下玻璃，轻而易举地将钻石带走了。

遇到高手

什么破天气！一大早就开始下雨，坐校园班车的同学特别多。虽然天气这么糟，可是对于有些心怀叵测的同学来说，或许正是个好机会。

刘新就是一个小偷"惯犯"，虽然已经无数次被老师和同学警告过，可他只要一有机会就"下手"。这个拥挤的班车正好给他一个大显身手的好机会，刘新在心里暗暗庆幸。

他瞄了瞄周围的几个人，左手边是一个穿迷你裙的大姐姐，右手边是一个穿西装的大哥哥，正前方是送孩子上学的中年妈妈。刘新环顾四周，感觉没有人注意自己，于是将手悄悄地伸进左手边大姐姐的衣兜里，顺利地将一个鼓鼓的钱包据为己有。

接着，他将手再次伸进穿西装的大哥哥和中年阿姨的裤兜里，每个动作都那么麻利，看来他真是一个天生的

"神偷"。

班车缓缓向前行驶，终于抵达了学校门口。刘新迫不及待地跑进厕所，取出自己的"战利品"，看看里面到底有多少值钱的东西。大姐姐的钱包里只有37元钱，大哥哥的钱包里只有40元钱，更可怜的是，中年阿姨的钱包里只有零零散散的硬币。

"唉，都是穷光蛋！"刘新不高兴地皱起眉头，"不对，我的钱包哪儿去了？"刘新赶紧摸摸自己的衣兜，他开始紧张起来，因为他自己的钱包里一共有239元钱呢！果然，刘新自己的钱包真的不见了，还多了一张纸条，上面写道："在偷别人之前，最好先注意自己的口袋！"

刘新被气得火冒三丈，难道还有比自己更高明的小偷？那么，偷刘新钱包的小偷究竟是谁呢？

破案秘"匙" THE KEY

偷刘新钱包的一定是那位穿迷你裙的大姐姐。如果是那位大哥哥或是中年阿姨，那么他们会将大姐姐的钱包也一同偷走。

暴毙的教师

王老师是个性格孤僻的中年男子，他在学校里总喜欢独来独往，穿着一件黑色风衣，总能给人一种神秘的感觉。

王老师独自居住在山脚下的一座土屋里，听说那里人烟稀少，土屋上长满了青苔，而且土屋里只有一扇小窗户。每到夜晚，月光透过小窗户钻进土屋里，惬意但有点阴森。

在一个没有月光的夜晚，王老师的家里发生了一件离奇的凶杀案。王老师躺在地板上，浑身冰凉，嘴唇上没有一点血色，脖子上还有一道十分明显的掐痕。

看来，刘老师是被掐死的。经过警察几天来的侦查，发现了两个嫌疑人，他们分别是刘老师的弟弟和一个同学的家长。刘老师的弟弟长得黝黑壮实，是个不长进的流氓，经常向刘老师勒索钱财，因此，刘老师经常与弟弟吵架。另一个嫌疑人是刘老师班级里被开除学生的爸爸，这个学生的爸爸脾气暴躁，因为儿子被开除的事

与刘老师发生过争执。

究竟谁才是真正的作案凶手呢？警察开始犯难了，这时，我们班的"小神童"开口说道："凶手一定是那个学生的爸爸，你们现在就可以把他抓来治罪了。"

连警察叔叔都困惑的问题，"小神童"居然轻而易举地给解决了，你知道"小神童"做出判断的依据吗？

破案秘"匙" THE KEY

根据刘老师死亡的环境可以看出，刘老师是在土屋的门前看见找他的人以后才开门，然后突然遭到对方的袭击而死的。

因为刘老师是被掐死的，那么凶手应该比刘老师高出许多。而刘老师的弟弟长得矮小，他不具备这样的能力。所以，凶手只能是那个学生的爸爸。

不会撒谎的汽车

　　学校门口前有一条光滑的大马路，马路两边长着一棵棵高大挺拔的杨树。杨树就像长着眼睛的士兵，随时洞察着马路上发生的一切。不要以为有"士兵"站岗，马路上就不会出现交通事故。实际上，交通事故几乎每天都会发生。因为笔直的大马路在我们学校门口突然来了个70度的大转弯，每到上学和放学的高峰期，尖叫声此起彼伏。

　　"啊！"伴随着一声尖叫，一个漂亮的小女孩倒在血泊中。肇事司机迅速逃离了作案现场，幸好有几个细心的同学看见了肇事司机的车牌号。"校园侦查队"立即行动起来，根据

肇事司机的车牌号展开调查，迅速找到了凶手李先生的家。

"校园侦查队"的队长最先站出来说："你在学校门口撞伤了同学，为什么还逃跑？"

可是李先生狡辩说："怎么可能，你们一定搞错了。我的车已经爆胎几个月了，一直都没有修好，怎么会出去撞人呢？"

"那我们能看看你的车吗？"队长气冲冲地说。肇事司机李先生把他们领进车库，理直气壮地说："看吧，那就是我的车，上面一点血迹都没有！"

队长走到车边，只摸了一下车身就斩钉截铁地说："虽然你说谎了，但你的汽车是不会说谎的！"

你知道李先生的谎言是怎么被揭穿的吗？

破案秘"匙" THE KEY

肇事司机李先生在知道自己撞伤人后，一定是以最快的速度匆忙赶回家，这样汽车的引擎盖就会产生大量的热量。李先生到家后不久，"校园侦查队"的小成员们就赶到了，此时李先生的汽车热量还没有退去，也就充分证实了李先生是在狡辩。

自杀假象

　　学校前面是一片茂盛的松树林，成百上千棵奇形怪状的松树屹立在那里。从远处看，那些弯弯曲曲的松树就像一个个佝偻的老人。那里就像是我们的禁地，从来没有人踏进那里半步。听说，晚上走在松树林里就会听见鬼哭狼嚎的声音，而且还会有无头鬼跟踪你。

　　可最近我们发现了一个奇怪的现象，总是有一位慈祥的老爷爷出现在松树林里。他每天都会提着一个精致的鸟笼在松树林中漫步，好像很惬意的样子。据说老爷爷的家就在丛林深处的一栋别墅里，他曾担任爱鸟协会的会长，最喜欢带着他的鸟在大自然中享受。

　　我们似乎已经习惯了老爷爷每天提着他的鸟笼，在松林中漫步。但是突然有一天，老爷爷没有出现，反而从松树林深处传来刺耳的警笛声，所有的同学都感到大事不妙。

　　当我们一帮同学赶到的时候，老爷爷已经被确定死亡。经法医鉴定，老爷爷是

因为服用过量安眠药而死亡的。我们还在老爷爷的房子里发现了几个鸟笼，里面是他平日里最喜欢的小鸟。最后，我们还在他的书桌上发现了一份字迹潦草的遗书。

大多数人都认为老爷爷是自杀的，但是"机灵鬼"明明却不这么认为，他断言：老爷爷一定是被谋杀的，至于桌上的遗书，也一定是假的。

所有的同学都疑惑不解，那么，你知道明明为什么断定这是一起谋杀案吗？

破案秘"匙" THE KEY

死去的老爷爷是爱鸟协会的会长，他每天都会在松林里与鸟漫步，这足以看出老爷爷爱鸟之深。如果老爷爷真是自杀的话，一定会在自杀之前将鸟笼中的鸟全都放掉。可是我们却在他的房间里发现了小鸟，所以老爷爷一定是被谋杀的。

谁偷了名画

　　学校的图书馆是个恐怖的地方，尤其在夜深人静的晚上。每到深夜，校园里不再喧嚣热闹，图书馆也变得惊人的沉寂。层层的书架将窗外那点点月光遮得严严实实，图书馆最右边的一排书架都是鬼故事书。据说，一到没人的夜晚，那些书里的鬼魂就会出来闲逛。

　　即使这样，图书馆还是吸引了无数人的目光，因为这里有一个珍贵的"镇馆之宝"——徐悲鸿的名画。

　　有一年中秋节，图书馆的馆长要回老家探亲，于是将这个看护名画的任务交给了两个徒弟——大胖和二胖。短短半个月，就发生了惊天的大事：名画不见了。馆长回来后非常气愤，立即找来两个徒弟审问。

大胖说："昨天晚上我上厕所，借着月光，看见二胖在珍藏名画的房间里面鬼鬼祟祟地不知道在干什么。"

二胖解释说："昨天晚上我一直在房间里睡觉，根本就没出来过，我只知道昨天白天名画还在。"

聪明的馆长听后，立刻就知道了谁在说谎，你知道到底是谁偷走了名画吗？

破案秘"匙" THE KEY

馆长的大徒弟一定在说谎，也就是名画一定是他偷的。因为馆长走的时候是中秋节，半个月后应该是农历初一，而这一天应该是没有月亮的，哪来皎洁的月光呢？

盗车贼的诡计

　　学校的停车场坐落在一个偏僻的角落里，四周都是高大的杨树，只有一个狭小的出口。顺着停车场的大门向里走，里面没有一盏灯。由于停车场建在地下，所以更显得黑洞洞的。

　　这天，教导主任刘老师来到停车场取车。可是刚走几步，阴森的停车场里突然一道黑影闪过，刘老师赶紧揉了揉眼睛，怀疑自己是不是看错了。但是那道黑影越来越近，而且越来越靠近刘老师的车。"他究竟是谁呢？为什么会往我的车方向走？"刘老师在心里嘀咕。

刘老师鼓起勇气继续向前走，越来越近，直到看清了黑影的模样，原来那道神秘的黑影是一个穿一身黑衣服的青年男子。他留着长长的头发，用锐利的眼神盯着刘老师。

刘老师此时已经顾不了那么多，赶紧走上前去问："你要干什么？"

年轻人看了一眼旁边的车，又瞪了一眼刘老师，"怎么？这是你的车？"

刘老师壮着胆继续问："这是我的车，你走过来干什么？"

"对不起，我看错了。我还以为这是我的车呢！"说完，年轻人转过身朝停车场的出口方向走去。

刘老师立即追上那个可疑的年轻人，拉着他说："你是小偷，赶快和我去警察局自首吧！"

你知道为什么刘老师认定年轻人是小偷吗？

破案秘 "匙" THE KEY

如果年轻人真的是找错了车，那么他应该继续寻找自己的车，而不应该朝停车场的出口走。

显然，年轻人是来偷车的，正好被刘老师发现，所以决定离开现场。

空空的牛奶盒

"特大新闻！特大新闻！"班级里的"小贫嘴"珠珠还没到教室，就在走廊里大喊。大家立即将珠珠围住，想知道她又发现了什么重大的秘密。

"听说咱们学校的老教授李奶奶昨天被谋杀了，死的样子很悲惨。满脸都是鲜血，舌头伸得老长，看样子像是被活活勒死的。"珠珠绘声绘色地给大家讲，听得同学身上都起了鸡皮疙瘩。

李奶奶是一个很孤独的老人，她的老伴在很多年前就去世了，儿女都在外地工作，她只能自己居住在学校对面的山顶上。那里是一座破落的庄园，几乎与世隔绝。除了一个送奶工和一个邮差是李奶奶家里的客人外，很少有人来看这个可怜的老人。

了解了大体情况后，班级里迅速组成一个侦查小队，他们来到李奶奶的住所开始调查。小侦探在李奶奶的桌子上发现，

两摞报纸、一杯空空的牛奶盒，家里所有值钱的东西全都消失得无影无踪了。

其中一名足智多谋的小侦探拿起李奶奶桌上的报纸和牛奶盒仔细察看了一番，然后肯定地说："杀害李奶奶的凶手一定是那个送奶工。"

你知道小侦探根据什么断定凶手就是送奶工吗？

破案秘 "匙"　THE KEY

在李奶奶的房间里一共有两摞报纸，却只有一个空空的牛奶盒。也就是说邮差根本就不知道李奶奶被谋杀的事，还在继续给李奶奶送报纸。而送奶工却没有，估计他已经逃跑了。

清晨的月季花

　　"丁零零……"尖锐的电话铃声划破了清晨的宁静。

　　B市刑警队队长齐天刚拿起听筒，电话里就传来了急促的说话声："齐队，刚接到宾馆服务员王兰的电话，说看到203房间的两个人正把白粉埋在月季花花盆里，估计是准备逃跑呢！"齐天刚吩咐刑警盯紧目标之后，就匆匆忙忙套上警服往外走。

　　刚走到门口，儿子齐宣挡住了他的去路。"大清早的，别捣乱，赶紧睡觉去！"齐天刚伸手把齐宣拉到一旁。齐宣倔强地又站到了他面前："老爸，肯定有大案子，我也要去！"齐天刚本想拒绝，但看着儿子的眼神，又想到儿子平时给自己带来不少破案的灵感，说不定这次他也能帮上忙。齐天刚看了看表，时间快来不及了，他拉着齐宣就出门了。

　　齐天刚在路上把案情简单地向齐宣介绍了一下。很快，他们就与其他刑警会合了。齐宣跳下车看了看："咦，怎么跑我们学校来了？"刑警杨峰见到齐天刚之后，懊恼地说："齐队，我们的跟踪被发现了，他俩抱着花进了十二中。"

　　齐天刚带着刑警进了校园，齐宣也急忙跟了进去。"看，他们在那儿！"杨峰指着校园北边角落的花圃。果然，空荡荡

的花园里，一胖一瘦两个"港客"打扮的人正在"赏花"。

"站住，把白粉交出来！"缺乏经验的小杨跑到两个"港客"面前喝道。

"开什么国际玩笑！我们是从十二中毕业的，现在回大陆探亲，临走前回学校看看，这也有罪吗？！"瘦子面不改色地说。

这下可把杨峰难住了，花圃里有几百盆月季花，哪一盆是呢？只见齐宣不紧不慢地走了过去，蹲在地上，似乎开始专心赏起花来。过了一会儿，齐宣站了起来，指着其中一盆花，义正词严地说："你们不要抵赖了，罪证就在这里面！"

那两人看着齐宣指的花，顿时大惊失色，齐天刚拿起齐宣指的那盆花往地上一摔，里面果然藏着毒品。齐天刚用赞许的眼神看着儿子，齐宣得意地想着，待会儿上学又和同学有的说了。只有杨峰和那两个罪犯丈二和尚摸不着头脑：这个小孩到底为什么能准确地找出罪证呢？

破案秘"匙" The key

花圃里的花清晨有露水，而犯罪分子藏毒品的月季花是他们从宾馆带出来的，上面没有露水。

谁是小偷

"交班费了！"语文课下课后，五年（1）班的班长张路就大声地对同学们说。

"我的钱不见了！"一个细小的声音传进大家的耳朵，声音中还带着些呜咽。声音的主人叫秦艳，是一个瘦小的女生。秦艳家里很困难，这次20元班费丢了，估计回家得被她那脾气暴躁的老爸揍一顿。大家纷纷围了上来，七嘴八舌地想着办法。素有"福尔摩斯二世"之称的林平凑了过去："大家静一下，让我这个小侦探来帮秦艳分析分析案情。"

林平像模像样地询问起当事人来："秦艳，你把你拿到班费后的事情说一下吧！"

秦艳擦了擦眼泪，很认真地回忆起来："我中午回家问爸爸要的班费，到教室后我把钱放进了抽屉里，然后就去上体育课了，上完体育课回来，我一直没有离开过座位。可是钱却莫名其妙地不见了。"

林平继续问道："去上体育课的时候，你知道咱们教室里有人吗？"

"有三个同学体育课请假了，一个是张路，一个是陈灵，还有一个是……"秦艳说到一半，嗫嚅着不敢往下说。在林平的追问下，秦艳低着头，畏畏缩缩用手指了一下马宇晨。

马宇晨立刻跳了起来："秦艳，你居然敢诬陷我，小心我收拾你！"说完，他还挥了挥拳头。这个马宇晨平时经常欺负秦艳，难怪秦艳这么怕他。

林平拉住了马宇晨："你倒说说体育课你怎么请假不去上课了，你不是最喜欢体育课吗？"

马宇晨放下拳头，说："我吃坏东西了，拉肚子，刚才我都跑四五趟厕所了。"

陈灵也赶紧解释："我被刘老师拉去改语文作业了，根本不在教室。"

张路不紧不慢地说："我留在教室里做练习，题太难解了，做了一节课呢！"

到底谁是小偷呢？听完三人的解释后，大家也都分不清楚了。不料，林平却指着陈灵说："陈灵，你在说谎！秦艳的钱是你拿的吧？"

林平是依据什么做出的这个判断呢？

破案秘"匙" The key

案件是在语文课下课后发生的，但陈灵说她被语文老师叫去改作业了，照理说，应该是在语文课之前才对，所以她就是小偷。

水上浮尸

　　一个初冬的清晨，空气中略带着寒意，一层薄雾笼罩着莫阳湖。莫阳湖位于市实验学校南侧，是市里最深的湖泊，而且也很透亮，从水面甚至能看到水下二三十米深。这天的莫阳湖异常冷清，连湖边晨练的人也没有踪影，空气中隐约透着一丝丝诡异……

　　实验学校的两个学生为了准备考试，来到湖边晨读。一个眼尖的学生指着湖面，声音中透着恐惧："快，快看，湖……湖面上漂着的是……是什么？"另一个学生定睛一看，原来是一个人，不，更准确地说，是一具尸体！一条小船翻扣在水面上和尸体漂浮在一起。

　　这个消息很快引起了警察的关注，也迅速在校园里炸了锅。"张新、吴伯儒，咱们的侦探小牛队该大显身手了！"蒋雷一下课就把他的两个好朋友叫了过来。他们三人平时就迷侦探推理，认为他们是不怕虎的初生牛犊，所以将组合取名为

"小牛队"。

放学后，这三只初生牛犊来到了莫阳湖边，警察已经在周围拉起了警戒线，现在只有两三个警察还留在湖边继续侦查。他们也学着警察的模样，四处侦查了一番，然后三个小脑袋凑到一起讨论起来："死者是教数学的龚老师。""不会吧？我经常看到龚老师去校游泳馆游泳呢。""他是不是心脏有问题啊？当翻船后掉进水里时，心脏一下给冻麻痹了？""龚老师是冬泳高手，他身体挺棒的，除了有恐高症。""恐高症？""是啊，要不学校给他安排在5楼的宿舍，他非要跟1楼的刘老师换宿舍呢。"

"STOP！"蒋雷大喝一声，把张新和吴伯儒都吓了一跳，"龚老师不是划船时因为不慎溺水身亡的，而是罪犯伪造了这起溺水事故。"

蒋雷的推断正确吗？他又是根据什么做出这样的推断呢？

破案秘"匙" The key

蒋雷想起了龚老师有恐高症。有高处恐惧症的人，与害怕从高层楼上往下看一样，同样也会害怕乘船去深海和湖泊游览。乘小船时只要从船舷往水面下一看就会感到头晕目眩，两腿发软。因此，一个患有高处恐惧症的人是绝对不会自己到湖里划船的。

穿睡衣的女人

深夜12点，林夕躺在床上翻来翻去一直睡不着，于是决定去找姐姐林阳。林阳在一所中学当班主任，虽然工作很繁忙，但是不管林夕什么时候去找她，姐姐都会微笑着迎接她。

林夕走进教师宿舍楼，这是一栋老式的宿舍楼了，楼里的灯光忽明忽暗。林夕从来没有这么晚来过宿舍楼，她觉得楼道里阴森森的，不禁感到头皮有些发麻。于是，她加快了脚步，赶紧爬上了六楼。林夕举起手摁了一下门铃，"吱——呀——"门开了。"姐姐没有关门？不可能啊，姐姐是这么细心的人，怎么可能没关门呢？"带着疑问，林夕轻轻地走进房间……

"姐姐……"林夕发出凄厉而悲怆的喊声，她的姐姐林

阳穿着睡衣倒在血泊中，胸部被人刺了一刀。

　　警察很快就赶到了，女警袁立一边安慰林夕一边做着笔录，林夕告诉袁立，林阳的门上装的是自动锁，一旦关上，除非有钥匙，否则外面的人是根本进不来的。这时，一个警察过来告诉袁立，林阳死于晚上9点前后，经调查，这个时间有两个人来找过林阳，一个是她的男朋友，一个是她以前的学生，这个学生现在是当地一个流氓。

　　袁立马上讯问了这两个可疑分子，他们都说自己按了门铃，可是里面没人答应，他们以为林阳不在家，都没有进去。袁立想起林阳的房门上有个小小的窥视窗，检查过后，她立刻认出了真正的凶手。

　　你知道谁是凶手吗？

破案秘"匙" The key

　　凶手是林阳老师的男朋友，因为如果是她的学生，她就不会穿着睡衣开门了。

黑屋子

　　"咚咚咚咚！"一阵急促的敲门声划破了深夜校园的寂静。现在已是深夜一点，学校的老师都习惯早睡，敲门的会是谁呢？

　　熟睡中的数学老师潘杰被敲门声惊醒，他披了件衣服来开门，发现女儿潘豆豆也被敲门声吵起来了。他打开门一看，敲门者是住在楼下的张老师的外甥肖力。

　　肖力显得有些不好意思："潘老师，真不好意思，这么晚还打扰你。今天我舅舅约我晚上到他家来，我路上有事耽误了时间，等到了学校已经是这个时候了。舅舅的睡眠很浅的，可是我刚才喊舅舅没人回应，不知是不是出什么事了。我不敢进去，所以请您陪我去看看。"潘杰是一个热心的人，二话没说就和肖力出了门，潘豆豆想想自己也睡不着，所以干脆也跟了

下去。肖力对潘杰说："最近，我舅舅的一项发明成功了，得了不少奖金，他和我说过，有人很眼红，可能会谋财害命，我担心他会为此出事。"

正说着，他们来到了张老师家门口。潘杰推开门，伸手摸墙上灯的开关，灯却不亮。肖力说："里面还有盏灯，我去开。"说着，走进了漆黑的屋子，不一会儿，灯亮了。他们发现教授躺在离门口一米远的过道上。肖力尖叫了声："天哪！"赶紧跨过尸体，回到潘杰身边。潘豆豆也吓得赶紧捂住了眼睛。

潘杰上前看了看，发现张老师已经断气了，屋角的保险柜打开着，但里面已经空无一物。他急忙打110报了警，在等警察来之前，他带着潘豆豆和肖力先回到自己家里休息。肖力似乎惊魂未定："这会是谁干的呢？"潘豆豆一直坐在沙发上没有说话，似乎是吓着了，但她的眼睛里分明透着思考的神情。

警察很快就到了，在勘察完现场之后，潘豆豆对警察说："警察叔叔，凶手就在这里。是他，杀了张老师！"她指向了肖力。是什么让潘豆豆做出了这样的判断呢？

破案秘"匙" The key

肖力进去开灯，尸体横在门口，他却没有被绊倒，说明他早已知道那里有具尸体。

人名杀人事件

夜已经深了，萧瑟的秋天给大地披上了浓重的银霜，学校里早已是一片寂静。然而，六个身影停在了教学楼门前，他们以很快的速度上了楼。

半小时后，就听见"扑通"一声，从教学楼高处坠落下一个物体。这一声惊醒了睡在教学楼传达室的范阿姨。她起身出门，想要看个究竟。由于是深夜，她看不清掉下的东西是什么，就走近了看，看到那个东西好像还在往外一股股地渗出液体，上前一摸，竟然黏糊糊的，然后一股刺鼻的血腥味传了出来。"是血！有人从教学楼掉下来了！"范阿姨吓得差点晕过去，当她回过神来，马上大喊，"快来人呀！死人了，有人跳楼啦！"

翌日清晨，警笛声传遍了整个校园，坠楼死者在范阿姨和老师的确认下，证实是高中部的裘新。在裘新的手心用笔写着一个"森"字，像是在暗示着杀人凶手的名字，却因时间有限而只写了一个字。笔就落在他手边的地上，而且只有他的指纹。看来确实是坠楼的同时掏出笔写在手心上的。

警方根据教学楼监控录像找到了案发当时也在楼顶上的5

名疑犯，他们都与死者认识，找到他们后，但是他们谁都不承认自己是推死者坠楼的人。他们分别叫：张宇、刘森、赵方、张森、杨一舟。

这时警方想起了死者手心上的那个字，认定了杀人凶手，你知道那个杀人凶手是谁吗？为什么是他呢？

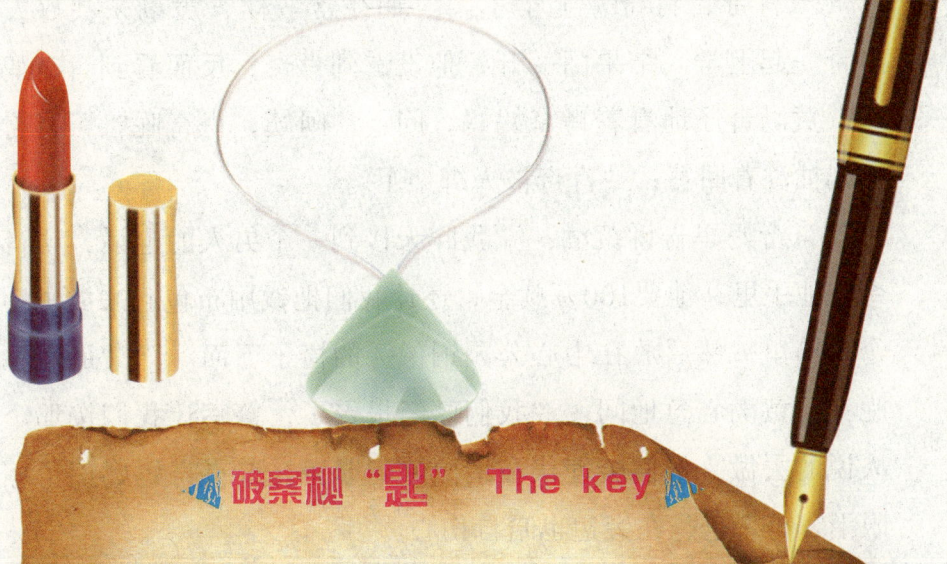

破案秘"匙" The key

凶手是张森。如果凶手是赵方和杨一舟，那么被害人只写他们名字中的一个字就可以代表凶手了，因为没有其他人名中有相同的字，比如赵方的"方"或杨一舟的"舟"字。而"张宇、刘森、张森"这三个人的名字中有相同的字，如果凶手是张宇，被害人只写"宇"就可以了，所以不是他。同样，如果是刘森的话只写个"刘"就可以代表他了，所以凶手就只剩下张森了。

谜样的绑架犯

　　"肖奇，肖奇，上学了。"如往常一样，黄渤来找好友肖奇一起上学。结果门一开，他没看到肖奇，反而看到肖奇妈妈。黄渤奇怪地看着肖奇妈妈，问："阿姨，肖奇呢？"肖奇妈妈抽泣着回答："肖奇被人绑架了。"

　　肖奇妈妈告诉黄渤："我昨天接到一个男人的电话，说肖奇在他手里，他要100万赎金，还让我们把钱用布包起来放进一个皮箱里，然后放在中心公园铜像旁的椅子下面。""那现在呢？"黄渤心急地问。"我们已经报警了，警察让我们按那个人说的去做，他们会埋伏在周围逮到罪犯。"肖奇妈妈擦了擦眼泪，肖奇爸爸在旁边也暗自伤心。

　　"丁零零……"肖奇爸爸迅速接起电话，听对方说了一会儿之后大吼起来："什么？你说罪犯跑了，皮箱里的钱也不见了！"说完后，他生气地挂断了电话。回头看肖奇妈妈和黄渤都看着他，肖奇爸爸便解释道："刚才是警察打来的，他们说九点左右，一位年轻女人从椅子下面拿了皮箱后就离开了，完全不顾埋伏在四周的警察。那个女的向前走了一段路后，就拦下了一辆恰好路过的出租车。而埋伏在那里的警车，立刻就

开始跟踪。不久后，出租车就停在车站前。那个女的手上提着皮箱从车上下来，两名刑警马上就跟着她。她把皮箱寄放在出租保管箱里，空着手上了月台。其中的一位刑警留下来看着皮箱，另一人则继续跟踪她。但是很不凑巧，就在那个女的跳进刚驶进月台的电车后，车门就关了。然而，那个问题皮箱还被锁在保管箱里，她的共犯一定会来拿。但是，过了好久之后，都不见有人来拿，警察觉得不太对劲，便叫负责人把保管箱打开。当他们拿出箱子一看，里面的钱已经不翼而飞了。"

肖奇妈妈听完又哭了起来："那肖奇怎么办啊？现在钱也不见了，人也没回来。"黄渤想了想，对肖奇爸爸妈妈说："叔叔阿姨，我知道绑架犯是谁了，只要抓到他，就能找到肖奇了。"

黄渤指的绑架犯是谁呢？这钱又是怎么不见的呢？

破案秘"匙" The key

犯人其实是出租车司机。那名女子事实上只是受司机之托，从公园把皮箱拿走而已。出租车司机把里面的钱拿出来之后，把空的皮箱交给那名女子，拜托她放在车站的保管箱里。

13朵玫瑰

学校单身老师宿舍601的房间被警察打开了，门一开，赫然发现年轻的体育老师董铁倒在床上，中弹身亡。

今天早上，市刑警大队接到报警电话，说是董老师房间有异味，所以他们过来看看，没想到一来就发现了董老师的尸体。初步看来，门窗没有被破坏的迹象，董老师像是先锁上了门窗，然后坐在床上用体育用的发令枪朝自己开了枪，发令枪掉在了地毯上，开门的钥匙在他的裤子口袋里。

这时，一个卖花的小贩被警察带了过来，小贩告诉刑警队长："别看董老师是一个大老爷们儿，但他却很喜欢玫瑰花，每周五下班后都要到我这儿来买13枝粉红色的玫瑰花，三年从未间断过。但这两个星期我都没看到他，我还担心他是不是出事了，结果他还真被人害了。"

"他买的那些玫瑰怎么样了？"刑警队长问道。

"它们都装在一个花瓶里，花瓶放在狭窄的窗台上，花都枯萎凋谢了。另外，据我们分析，董铁死了至少已有8天了。"

"整个地板都铺了地毯吗？"

"是的，一直铺到了离墙脚两厘米的地方。"警察回答。

"在地板、窗台或者地毯上有没有发现血迹？"

"只有一点灰尘，没有别的东西，只有床上有血迹。"

刑警队长很肯定地说："这是一起谋杀案，有人配了一把董铁房间的钥匙，他开门进去，打死了董铁，然后清理了血迹，再把尸体挪到床上，使人看上去像是自杀。"

刑警队长为什么如此推断呢？

破案秘"匙" The key

放在窗台上花瓶中的13枝玫瑰，在房间里搁了两个星期后早已枯萎凋谢，窗台、地板和地毯上应该找得到落下的花瓣，不可能"只有一点灰尘"而"没有别的东西"。所以刑警队长认为这些花瓣是凶手清除血迹时一同弄掉了。

观星塔上的谋杀

　　夜已经深了，校园里已经没有什么声音。不对，观星塔里为什么会传来奇怪的声音，隐约看见几个黑影翻过大门，进入了观星塔。

　　"妈呀，这观星塔晚上还挺吓人的。"

　　"不就是你吗，非得要看什么流星雨，害哥们儿几个晚上不睡觉陪你爬墙。"

　　"嘘，小声点儿，别让看门的刘老头发现了，这老头贼精。"

　　原来，这几个身影是孟超、马明、郑奇这几个调皮捣乱的学生趁着晚上溜进了观星塔。走到观星塔最高的平台，马明拉了拉孟超："你发没发现这个观星塔与平时我们上来时不太一样？"

"切，看把你吓的，不就是白天和晚上的区别吗？"郑奇鄙视马明。马明的声音明显有些哆嗦："不是啊，你们……看，那里黑乎乎地趴在地上的……像不像一个人啊？"郑奇和孟超一看，天哪，真的是一个人！他们吓得慌忙下楼，叫来了看门的刘老头。

刘老头拿着手电筒就上了平台，他们三人虽然害怕，但好奇心战胜了一切，他们也跟了上来。刘老头打开平台的照明灯，大家才发现，倒在地上的是新分来的科学课老师严老师。他已经死了，但是身上没有明显的伤痕，只是右眼被一根长约3厘米的细毒针刺过，在他的尸体旁边，有一枚沾满血迹的针，显然他是把刺进眼中的毒针拔出来后才死亡的。

郑奇问刘老头："你发现什么可疑的人了吗？"刘老头摇了摇头："今晚我失眠，一直都没睡，就严老师来过，再没见过其他人。"

马明指了指他们三人："我们不就进来了吗？"

"我中间就上过一趟厕所，前后不到三分钟，就让你们逮着了这个空当。"刘老头有些愤愤不平。

孟超在一旁自言自语："没有人有机会从大门上平台，这里离地面差不多有四层楼的高度，旁边还有一条40米宽的河，

凶手要从对岸把细毒针发射过来也不可能啊，更何况今晚还一直刮大风。"

"我突然想起一件事。"刘老头一拍脑袋，"有次我和严老师聊天时他和我说过，他有一位同父异母的弟弟，今年夏天，他父亲因病去世，严老师打算将他所得到的那份遗产，全部捐给学校。可是严老师的弟弟却认为他这种做法相当愚蠢，他还为此威胁过严老师。昨天，严老师的弟弟寄来一个小包裹，但不知道是什么东西，不过看严老师倒是挺高兴的。"难道凶手是严老师的弟弟？可是证据在哪儿呢？大家垂头丧气地回了宿舍。

第二天，警察来了，他们在河底找到了一个望远镜，这是一个长度仅40厘米的望远镜。据另一个老师说，这正是严老师的弟弟寄来的小包裹。孟超听到这个消息后，终于解开了严老师死亡之谜，凶手果然如他们猜测的正是严老师的弟弟。

孟超是怎么推测出来的呢？

破案秘"匙" The key

这个望远镜是可以拆开的，严老师的弟弟把细毒针装在这个望远镜的镜筒内。当严老师把望远镜放在眼睛上，用手转动镜筒中央的螺丝，来调整镜头焦点时，藏在镜筒内的细毒针受到弹簧的反弹力便跳了出来，正好刺进严老师的右眼，他在惊慌失措之余把望远镜扔进了河里，用手拔掉了刺在眼中的细毒针。

盲女孩被关在哪间屋

一位双目失明的女学生在一个炎热的夏日被绑架了。家人交了赎金后，她在三天后平安回到了家。女学生告诉警察，绑架她的好像是一对年轻夫妇，她应该是被关在海边的小屋里："在这间小屋里能听到海浪的声音，我好像被关在了阁楼上。天气非常闷热，不过，到了夜晚会有风吹进来。"

警察在海边找到了两间简易的小屋，一间朝南，一间朝北，主人是一对年轻夫妇。不过，这两间小屋打扫得干干净净，找不到痕迹。

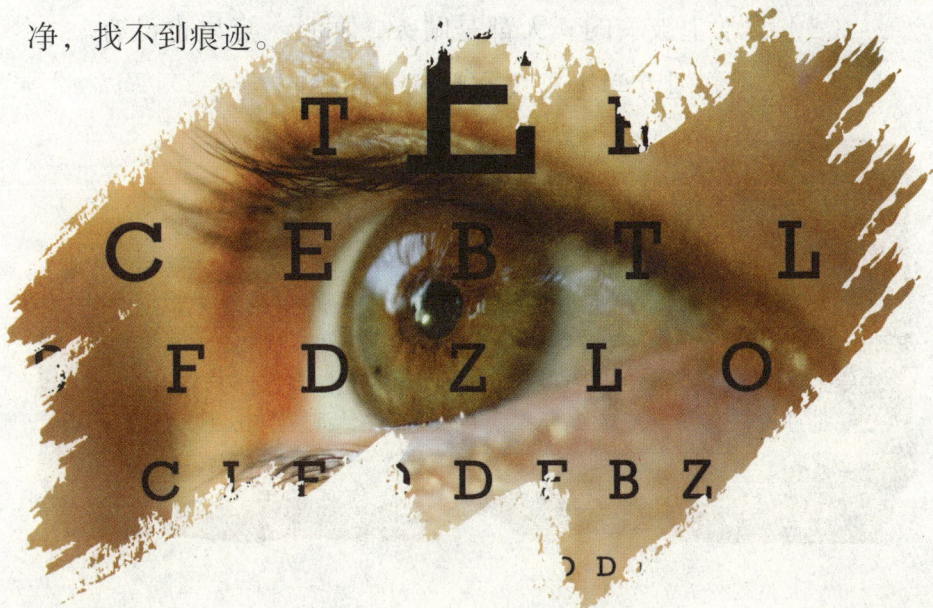

后来，警察根据情况做出了判断。这些情况是：

（1）两间小屋的结构几乎完全相同，只是阁楼的小窗一个朝南，一个朝北；

（2）海岸面向海的方向是南面，北面对着丘陵；

（3）女学生被关的三天都是晴天，而且一点风也没有。

那么，你知道女学生被关在哪间小屋里吗？

破案秘"匙" The key

女学生被关在窗户朝北，即面对丘陵的那间屋子里，这从女学生所说的"夜晚会有风吹进来"这句话可以得到证实。一到夜晚，陆地上的气温要比海面的温度容易冷却，这种凉爽的空气就从丘陵向海上流动，所以从朝北的小窗口吹来阵阵清风。反之，白天由于陆地很快变热，风就改从海上吹来，而在早晚气温相同的时候，海岸上就处于无风状态了。

小玻璃瓶里的证据

　　住在实验中学附近的李斌为了躲债搬到了一个秘密住所，可还是被债主姜邦理发觉了。这天夜里10点钟，李斌正在客厅里看电视，姜邦理找上门来，他嚼着口香糖，提出索还债款。李斌一面央求他宽限一点时间，一面从冰箱里取出啤酒，倒进酒杯，请他喝酒。李斌趁姜邦理不注意，抄起空酒瓶砸在他的头上。姜邦理受到突如其来的一击，一声也没吭便倒地身亡了。

　　李斌从车库把汽车开出来，再把尸体装进行李箱，开到很远的八一公园把尸体抛进了池塘里。凌晨两点回到家，他又把房间打扫得干干净净，桌椅、啤酒杯、大门把手及门铃的按键都擦了又擦。这样，姜邦理来访的痕迹一点儿也没留下。

　　由于神经高度紧张，李斌吃了安眠药才入睡，第二天醒来已是傍晚时分了。门铃响了起来，李斌开门一看，是两个警察。

"昨晚有个叫姜邦理的人来过你这儿吗？他的尸体今天早晨在八一公园的池塘里被发现了，他上衣口袋里的火柴盒背面写着你家的地址。""不，昨天晚上没有任何人来过我家。我和姜邦理很长时间没见面了。"李斌故作镇静地回答。然而，其中一个警察却笑着说："这可奇怪了，实际今天上午我们已经来过一次了，怎么按门铃也没人开门，以为你家里没人就回去了。赶巧，在大门前我们捡到了一个很有趣的东西。经鉴定正是被害人掉的。"他从衣袋里掏出一个小玻璃瓶，让李斌看里边装的东西。李斌见罪行已被揭露，只好从实招供。

你知道小玻璃瓶装里的是什么东西吗？

破案秘"匙" The key

小玻璃瓶里装的是姜邦理吐到大门外的口香糖渣，上面有他的唾液及齿型。更何况，那糖渣上还没落上灰尘，很清楚地表明是非常新的糖渣。李斌在灭迹时疏忽了姜邦理来时是嚼着口香糖的。

血手印

在一所公寓里发生了凶杀案，一个有名的美术老师在卧室里被人用刀刺死了。卧室的墙壁上清晰地印着一个鲜红的手印，五个手指的指纹都清晰可辨，连手掌的纹路也很清楚。看起来是凶手逃跑时，不小心把沾满血的右手按到了墙壁上。

警官老王赶到现场时，见到实习警官小陈正在小心地收集上面的指纹。老王仔细观察了一下，笑着对小陈说："你还是看看有没有其他线索吧！"

小陈依然小心翼翼地做着自己的工作，头也不抬地说："这些指纹难道不是很重要的线索吗？"

老王耸了耸肩："但这个血手印很可能是罪犯伪造的，目的就是为了误导警察。"

小陈转过脸，好奇地问："你是怎么知道的？"

老王对他说道："你试着用右手在墙上印个手印，就知道了。"

你知道老王是怎么看出手印有问题的吗？

破案秘"匙" The key

老王看到五个手指的指纹是全部正面紧贴墙壁印上去的，而且手掌的纹路也很清晰，这才产生了怀疑。因为当手掌贴在墙上时，拇指和其他四个手指不同，是侧面贴着墙的，所以在正常情况下，拇指的指纹不会完全在墙上印出来的。

谁偷走了邮票

　　一天，吴辛给被誉为"小福尔摩斯"的大学生孙辰潇打来电话，说自己珍藏的"黑便士"邮票被盗走了。

　　孙辰潇立即赶到吴辛家里，吴辛告诉孙辰潇，自己把"黑便士"邮票和其他珍贵邮票都放在收藏室的矮玻璃柜里。

　　今天上午家里来了个叫郑旭的客人，吴辛陪他去参观邮票。没想到，郑旭突然从后面打昏了吴辛，并撬开柜子，盗走了"黑便士"邮票。等吴辛醒来时，郑旭已经逃之夭夭了。

　　孙辰潇仔细察看了矮柜，看到里面放了很多珍贵的邮票，只有一块地方是空的，估计是原来放"黑便士"的地方。而在柜子上还有好几处被撬的痕迹，看来这个窃贼花了不少功夫。

　　孙辰潇直起身子，问道："你为'黑便士'投过保吗？"

　　"当然，它可是世界上第一

枚邮票，价值连城，所以我为它投了30万元的保险，有什么问题吗？"吴辛说道。

孙辰潇随即打了个响指，说："我如果说你是打算骗取巨额保险金，你不会反对吧？"

你知道孙辰潇是怎么判断出来的吗？

破案秘"匙" The key

罪犯作案时都有一个特点，就是要想办法加快速度，缩短时间。在这起案件中，作案者完全可以不撬开矮柜，直接打碎矮柜玻璃，就可以拿到邮票。现在他却费功夫撬开柜子，那就只有一种解释，就是他怕损坏矮柜中的其他邮票，而有这种想法的，只能是邮票的主人。

列车劫案

今年夏天，"小福尔摩斯"孙辰潇和几个要好的同学决定一起去毕业旅行。就在他们所在的那节车厢上，一箱托运的黄金饰品被抢劫了。孙辰潇和几个同学赶到现场的时候，只发现了两个抽剩下的烟头。

孙辰潇让值班员王宇回忆一下当时的情景，王宇说："上午，我们组长送来一个邮包，说里面有贵重的物品，让我重点看管。火车开了一段时间后，我听见有人敲门，先是两下轻的，然后是三下重的。我以为是列车员，便将门打开，结果闯进来两个人，他们都戴着头套，只露出两只眼睛。他们将我打倒后，每人叼着一支烟，还说了些什么，但火车的声音太大了，我没听清楚……"

孙辰潇听到这里摆摆手说："这位先生，我认为你有很大的嫌疑，你刚才编的这段话里漏洞实在太多了……"

动脑筋想一想，王宇的话里到底有哪些漏洞呢？

破案秘"匙" The key

一、劫匪戴着只露眼睛的头套，怎么可能吸烟呢？

二、火车的声音很响，连说话都听不清，王宇怎么还能听到那两声轻轻的敲门声呢？

玉雕

　　一件名贵的玉雕正在市博物馆展出，恰巧这几天天气晴朗，不少游客都去参观。就在快闭馆的时候，一个窃贼混了进去。他背着照相机，拿着一把晴雨伞，趁人不注意的时候躲到了大厅的楼梯间里。不久，博物馆便清场了。

　　窃贼等到大厅里没有动静了，便蹑手蹑脚地钻了出来，从晴雨伞的伞柄中取出弄锁的工具，接着又从照相机套子中取出赝品。此时，外面恰巧下起了大雨，风雨声遮盖了一切声音，窃贼便趁机弄开展柜，换下玉雕，然后将一切恢复原状，又躲

进了楼梯间。

第二天一早，雨还在下，博物馆里的人比昨天少了一些，窃贼从楼梯间溜了出来，他看到游客们正在欣赏那赝品，不由得暗自发笑，可是他撑开雨伞准备走出博物馆大门时，却被前来参观的"小福尔摩斯"孙辰潇挡住了，孙辰潇问他昨天晚上躲在博物馆里干什么？

窃贼做贼心虚，解释不清，孙辰潇立刻说："既然这样，跟我去趟公安局吧！"

你知道孙辰潇是从哪里看到窃贼破绽的吗？

破案秘"匙" The key

其他人进来的雨伞是湿的，而小偷的雨伞是干的，证明他待在这里一夜没有出去。

破窗而入

　　这天，位于实验学校附近的一家工厂打电话报警，说厂里发生了盗窃案，放在财务办公室保险箱里的10万元现金不翼而飞了。

　　李警官和同事迅速赶到了现场，只见办公室的玻璃窗都被打碎了，室内满地都是碎玻璃，看样子，小偷是从窗子跳进来作案的。

　　当晚值班的保安对李警官说："小偷一定是后半夜作的

案，因为我12点钟的时候，曾经到这个房间巡视过，当时门窗都好好的。"

李警官追问道："你确定吗？"

保安点点头："当然，我还顺手拉上窗帘了呢。"

李警官指了指地上的玻璃碴："可是地上的碎玻璃这么多，看起来当时小偷砸玻璃时用了很大的力气，难道你没有听见声音？"

"没有，"保安摇了摇头说，"厂房边上有条铁路，可能小偷是趁火车经过时把窗子砸破的。火车一来，什么都听不见了。"

李警官突然笑了笑，冲着保安说："不要狡辩了，你就是小偷！"

你知道李警官是如何做出判断的吗？

破案秘 "匙" The key

保安说他在玻璃打碎前拉上了窗帘，如果真的是那样，小偷打碎玻璃时，碎玻璃被窗帘挡住，就不会掉得满地都是了。所以李警官判断这个保安在说谎。

地铁站的嫌疑犯

一个冬天的夜里，兼职做家教的"小福尔摩斯"孙辰潇和宋清扬正在回学校的路上，突然发现前面有个歹徒正在拦路抢劫，便想冲上去想抓住歹徒。可是歹徒一看见被他们发现了，掉头就跑。

歹徒跑了好长一段路，一直跑进了地铁站，孙辰潇和宋清扬赶紧报了警。此时，地铁站上只有六个人，他们的体形和歹徒都很像。

一个人正在和管理人员争吵，吵得很凶；第二个人在一旁津津有味地看热闹；第三个人正在看一张报纸，报纸把脸遮住了，看不清面目；第四个人正在原地跑步取暖；第五个人一边等地铁，一边不停地看手表，显得很着急；

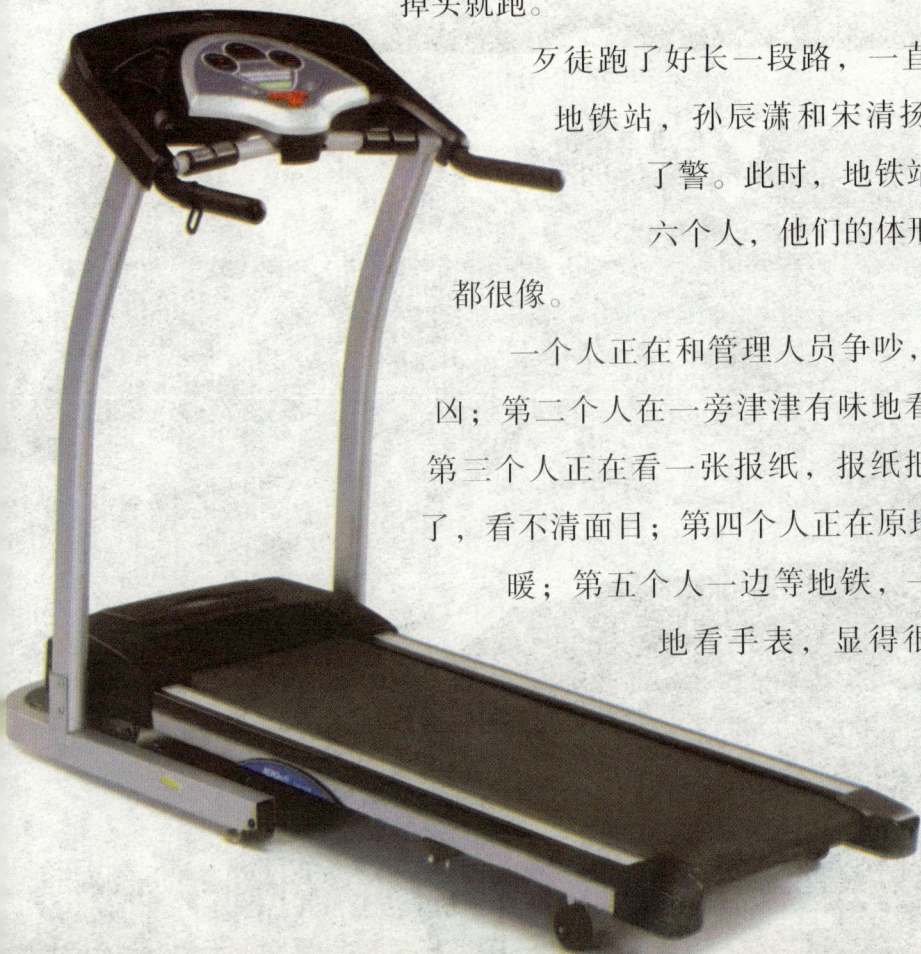

第六个人裹着大衣坐在座位上，冻得直发抖。

孙辰潇观察了一下，指着其中一个人对警察说："他就是嫌疑犯！"你知道他指的是哪个人吗？

破案秘"匙" The key

嫌疑犯是第四个人。因为孙辰潇想到嫌疑犯跑了很长一段路，一定累得气喘吁吁。而这六个人中，只有第四个人在大口大口地喘气，并试图用跑步取暖来掩饰，因此可以判断，这个人就是嫌疑犯。

杀死金丽莎的凶手

　　某旅馆发生了一起凶杀案，死者是金丽莎。金丽莎的表妹周笑颜和"小福尔摩斯"孙辰潇在同一所大学，因此周笑颜请孙辰潇帮忙破案。

　　警察告诉孙辰潇，金丽莎刚跟赵经理订了婚，而赵经理昨天出差去了。金丽莎在市郊有一套豪华公寓，平时都住在那里。

　　孙辰潇问："有其他嫌疑对象吗？"在场的警员道："有个叫张耀的小伙子，是金丽莎的狂热追求者。"

　　孙辰潇把笔一搁，立刻起身说："噢，那我去拜访一下张耀。"

　　在一所旧公寓里，孙辰潇找到了张耀，他问张耀："你知道金丽莎被杀了吗？"

　　张耀听了，神情惊讶地说："不，我不知道！"

　　"不知道就好。"孙辰潇一边说，一边下意识地到口袋里拿笔，"糟糕，我把金笔丢在金丽莎那里了。一会儿我还有别的事，能不能帮我把笔取回来送到警察局？"张耀犹豫了一下，还是同意了。

半个小时后，张耀把金笔送回了警察局，但他立即就被逮捕了，孙辰潇认定他就是凶手，你知道为什么吗？

破案秘"匙" The key

因为张耀知道金丽莎死在旅馆里，所以才到旅馆取回金笔。如果他是无辜的，他应该直接去金丽莎所住的公寓。

车牌号迷案

　　这天清晨，有位过马路的中学生被一辆疾驰而过的轿车撞倒在地。

　　轿车司机见附近行人稀少，也不下车察看和救援，扔下那个仰面朝天的中学生不管，绝尘而去。

　　那个中学生被好心人打电话叫来的救护车送往医院，然而，他只说出肇事车的车牌号是6198便不幸身亡。

　　警察很快就找到了那辆轿车，可车主辩解说自己的车子出

了故障，从昨天开始就在修理厂里，无法外出，他还说出自己不在现场的人证。

警察想了想，很快就有了答案，请问他是怎么破案的呢？

破案秘"匙" The key

警察想到中学生一定是在仰面朝天时才看到轿车后部车牌号的。人在这种时刻容易忘记自己的视角已经颠倒，把本是8619的牌号误认为是6198了。所以警察想到，这个车牌号一定是8619。

露了马脚

这天，实验中学的孙老师给同学讲了这样一个推理故事：

两名武装歹徒冲进一家银行，抢了钱后，立即乘一辆福特车逃跑。一个银行职员记下了车子的号码，报了警。

一刻钟后，福尔摩斯和警官克勒姆等人赶到现场。正当他们谈论案情时，突然发现了要找的那辆福特车，它刚好从警车旁边开过。

警官克勒姆叫了起来："这不可能，车子的颜色和车号都对！"他们马上驱车赶了上去，将那辆车拦下。

开车的是一个叫西格马尔的男子。福尔摩斯对西格马尔进行了审问，可是他有不在现场的证据，警方只好将他放了。

事后调查证实，歹徒从那家银行一共抢走了7.5万欧元的新钞票。

没过几天又发生了一起银行抢劫案。案发不久，西格马尔开车经过一个检查站，径直往前开。警察拦下他说："你没有看见停车牌吗？罚款10欧元！"

"下次一定注意。"西格马尔递过去一张崭新的10欧元纸币。

两天后，警方逮捕了西格马尔，理由是他与两起银行抢劫案有关。"不可能，"西格马尔说，"我根本就不在现场！"

福尔摩斯笑道："但你是主谋。你找了两个朋友，又弄了两辆完全相同的车。每次抢劫银行，你故意将警方的注意力吸引到自己身上来，同伙则趁机逃跑。但是，你犯了个小小的错误，结果露了马脚！"

你能猜出西格马尔在哪里露出了马脚吗？

破案秘"匙" The key

西格马尔交罚款的那张崭新的10欧元的钞票号码，是被抢劫的7.5万欧元中的一张。

第二章
Chapter II

逃不掉科学的
眼睛

二氧化碳谋杀案

　　一个夏天的午后，学校后面的公寓里发生了一起命案，一位女主人死在了密闭的卧室里。警察勘查了现场以后，判定这位女主人是因二氧化碳窒息而死，并推测是女主人在沉睡时吸入了过量的二氧化碳而死的。

　　卧室的窗和门都关得紧紧的，因此不可能从室外输入二氧化碳，而卧室里除了女主人的丈夫送来的半箱冰激凌外没有其他东西。

　　你知道这是为什么吗？

◀破案秘"匙" The key▶

　　是女主人的丈夫杀死了她，丈夫在冰激凌里放入了干冰，干冰挥发后，形成了二氧化碳气体，导致女主人窒息死亡。

可疑的花匠

　　夏天的中午天气很热，但银河广场上还是人来人往，十分热闹。突然，人群中传来一个女人的尖叫，原来有人抢走了她的挎包，并飞快地逃走了。

　　附近的巡警闻讯赶来，可是广场上的人实在太多了，那个

劫匪早已消失在人群中。"小福尔摩斯"孙辰潇正巧从广场经过，听到动静也赶了过来。他观察了一下周围的环境，指着正在花坛里浇花的花匠对警察说："抓住他，他就是嫌疑犯。"

你知道孙辰潇是怎么认出那个劫匪的吗？

破案秘"匙" The key

有经验的花匠都知道，夏天的中午不能给植物浇水，因为那时的气温很高，植物要通过蒸发水来散热，而这时给植物浇水，植物的根部遇冷，影响对水分的吸收，会造成植物的死亡。所以，这个时候浇花的花匠是很值得怀疑的。

没有影子的目击者

一个富翁杀死了自己的妻子，将她的尸体放进一个铝合金箱子里，并用铁链将箱子绑起来。接着，他和同伙一起驾驶私人飞机飞到海上。他们在海面上盘旋了一会儿，确定海上没有船只和人的踪迹后，把箱子推进了海里。

可是，几天之后，警察和"小福尔摩斯"孙辰潇却找到了这个富翁，指控他谋害了他的妻子，并用私人飞机将其尸体运

到海上丢掉。富翁狡辩道："那天我的确使用了自己的私人飞机，但我没有把任何东西丢进海里。"

"小福尔摩斯"孙辰潇笑了笑，指着富翁说道："你在说谎，一个没有影子的目击者告诉我们，从你的飞机上掉下了一个金属物体。"

你知道孙辰潇所说的"没有影子的目击者"是谁吗？

破案秘"匙" The key

是雷达。因为箱子是铝合金做的，所以雷达基地发射的超短波碰到箱子后，会反射回来，并显示在雷达的屏幕上。

离奇的爆炸

　　实验中学的音乐老师林之南的家中发生了爆炸案，所幸林老师没有受伤。

　　警察在现场发现，爆炸的是一只玻璃杯，里面装了一些火药。可是让人奇怪的是室内没有任何火源，也没有发现引爆装置。林老师说自己当时正在练习一首小号曲，当吹到高音部分时，就发生了爆炸。警察仔细观察了一下爆炸残留物，马上就知道凶手是如何引爆的。

　　请问凶手是如何引爆的呢？

破案秘"匙" The key

　　凶手趁音乐老师出门时，偷偷潜入他家中，在火药中掺入了氨溶液和碘的混合物。氨溶液和碘混合放在火药里，在湿的状态下是安全无害的，但干燥后就很敏感，即使是高音量的震动也会引发爆炸，凶手是希望音乐老师吹奏高音曲调时引发爆炸。

他在说谎

　　"小福尔摩斯"孙辰潇接到警方的电话，说有一个经常在野外进行地质考察的学者在草原考察时意外死亡了，所以请他前去协助调查。

　　孙辰潇到达现场后发现：学者躺在大树底下搭的帐篷里，一个年轻的学生正在回答警方的询问，他说自己和老师一起出来考察，昨天晚上就住在这里，结果今天早上发现老师死了。

法医判断学者是误服了毒蘑菇身亡的。孙辰潇却认定这个学生在说谎，你知道他是怎么得出这个结论的吗？

破案秘"匙" The key

有经验的野营者不会选择在大树底下搭帐篷，若遇到下雨的天气易遭电击，所以帐篷不是经常在野外进行地质考察的学者搭的。

引爆真相

一个闷热的午后，同学们都无精打采地坐在教室里听着唐诗宋词。这么无聊沉闷的日子，大家都巴不得有点刺激的事情发生。

突然，"轰隆！"一声剧烈的爆炸声从学校对面的老房子里传出来。大家都被吓得一颤，立即打起了精神，将目光齐刷刷地投向窗外。只见浓重的黑烟笼罩在老房子的四周，红红的火苗从窗户向外蹿，好像要吞噬一切。

幸好消防队员及时赶到，火势马上得到了控制。同学们闻到一股浓重的焦味，那么住在老房子里的老教授呢？可想而知，那该多难受了。听说老房子里的教授是一个家财万贯的老人，但是他没有亲人，只有一个外甥。而且老人已经立下遗嘱，死后将所有的积蓄全都给他的外甥。

当消防队员经过几个小时的奋战，终于安全冲进老房子时，被眼前的惨状惊呆了。老教授的尸体已经没有了人形，身体完全被烧焦，而且还散发着一股恶心的焦味。法医赶紧对老教授进行尸检，推测老教授生前应该非常健康，但是爆炸之前却服用了大量的安眠药。并从附近的居民口里了解到，爆炸之前老房子附近一直都在停电，所以因为漏电而起火的推测也不成立。

校园小侦探也来到老房子前，准备协助警察叔叔办案。此时，大家已经断定老教授就是被谋杀的，而且最大的嫌疑人就是他的外甥。

小侦探立即赶到老教授外甥的家里，可是爆炸之前和案发之后，他都有不在场的证据。而且爆炸之前他还在距离老房子20千米以外的一家饭店里。按照常理，他应该可以排除在凶手的范围外。但是精明的小队长却质问道："你当时在饭店里做什么？"

老人的外甥说："我在打电话！"

小队长思考一会儿，冷冷地说："既然你在打电话，那么就和我们去警察局自首吧！"

你能推断出老教授的外甥是怎样将老房子引爆的吗？

破案秘"匙" THE KEY

老教授的外甥先在老教授的电话上安装一个短路装置，然后让老教授吃下安眠药。等老人睡着了以后，他就打开煤气灶，让煤气泄露到整个房子里。最后他乘机赶到饭店，制造不在场的假象。等煤气充满整个房间后，他坐在饭店里拨通老教授的电话。这时，短路的电话机中就会有电流通过，并溅出电火花，随即将整个房子引爆。

冰冻的可乐

　　五年（2）班是学校里的风云班级，据说他们班级里每年都会有稀奇古怪的事情发生。两年前，一个女孩因为和同学吵架，跳楼身亡了。一年前，一个小男孩因为受到老师的批评自杀了。今年又会有什么事情发生呢？

　　一天清晨，五年（2）班的班长慌慌张张地找到校长，哭丧着脸讲述了事情的经过。

　　"今天早上小敏是第一个来到班级的，因为她说要将昨天没有完成的作业补完。大概7点多，我们陆续来到了班级，看见小敏在桌上趴着。开始我们以为她是睡着了，可是走近才发现，她已经死了！"

　　校长立刻赶到小敏所在的班级，发现在她的桌子上散放着几张演算纸，其中一张纸上还放着半杯可口可乐。校长立即觉得这半杯可口可乐有问题，立即找来医生进行化验。化验的结果出来了，可口可乐里含有氰化物，也就是说，小敏是中毒身亡的。

过了一会儿，校长问五年（2）班的班长："这杯可口可乐是哪来的？"

班长说："应该是从冰箱里拿的，因为小敏平时特别爱喝冰冻可乐，所以在班级的冰箱里总是有很多可乐。"

校长仔细端详了一下压在可乐罐下面的演算纸，胸有成竹地说："小敏一定是被凶杀的，并且这杯可口可乐不是小敏从冰箱里拿的。"

你知道校长凭什么说小敏是被凶杀的吗？

破案锁"匙" THE KEY

从冰箱中取出来的可口可乐罐一接触室温，就会有水珠从可乐罐的壁上滑落。这些滑落的水珠遇到下面的演算纸，一定会将演算纸浸湿，使上面的字迹模糊。但是那张压在可乐罐下面的演算纸却很清晰，因此那罐可口可乐一定不是小敏从冰箱里拿出来的。

三种血型的谋杀案

　　学校东边有一栋硕大的宿舍楼，这栋宿舍楼是那种很古老的格局。从正门进去是一个几平方米的小房间，里面是一条长长的水槽。水槽上一共有八个水龙头，无论什么时候都可以听到"啪嗒、啪嗒"的滴水声。

　　小房间的侧面有一扇虚掩的小门，顺着小门走进去是一个简陋的厕所。

　　每到晚上的时候，宿舍楼就会点起十分微弱的灯光。听说，有很多女生在那扇半开半闭的厕所门口看见过一个穿着白衣服的女子。

　　宿舍楼确实很可怕，但还是有很多离家远的同学选择在这里居住。一个阴沉沉的早上，校长室里的领导都在闲谈今天会不会下大雨。突然，宿舍楼里的管理员慌慌张张地推开了校长室的大门，

气喘吁吁地说："出事了！快去，死人了！"

一大群人赶紧尾随着宿管阿姨来到事发地点，正是那间恐怖的厕所。一个娇小的女孩躺在地板上，身上居然穿着一件白衣服，手里还抱着一个枕头。所有看到这一情景的人，都想到了厕所里的"女鬼"，难道死去的小女孩是"女鬼"附身吗？

法医赶紧对女孩的尸体进行检查，可奇怪的是，竟然从血迹斑斑的枕头上检测出了三种血型。受害小女孩的血型是O型，但是枕头上却还有A型和B型两种其他血型。

大家百思不得其解，这时，教生物的李老师说话了："这是一起谋杀案，凶手是想用枕头上不同的血型制造假象。"

为什么只有小女孩血迹的枕头上会有其他的血型呢？你知道什么原因吗？

破案秘"匙" THE KEY

事实上，植物也有血型。尽管它们没有红色的血液，但是植物体内含有确定血型的抗原。

小女孩手里抱的枕头中装有荞麦皮，荞麦中有A型和B型两种抗原，凶手就是想用荞麦中的抗原来混淆自己留下的血迹。

停电的抢劫案

今年的冬天来得特别早，刚到10月份就感到一阵冷意。校园里由于空气的凝固，充满了一股诡异的气息。曾经的林荫小道上现在全都是厚厚的树叶，无论保洁阿姨怎样打扫都扫不掉。那些零零落落的黄树叶就像脱离了母体的孩子，孤独而颓废。保洁阿姨们在心里犯嘀咕，我们学校不会又出现什么诡异的事吧？

几天后，果然离奇的事情发生了。那是10月9日的晚上两点多，学校里的名侦探刘老师正在家里睡觉，突然刘老师好像被一种莫名的声音叫醒。他赶紧坐起来，准备喝一杯热水。

正在这时，电话铃突然响了，原来是学校的门卫大叔。刘老师心里已经确定，学校肯定出事了。

"刘老师，学校里来抢劫犯了！你快来吧！"门卫大叔在电话里慌张地说。

刘老师挂掉电话，立即赶到学校。发现学校里静悄悄的，根本什么

都没有。

门卫大叔迅速走上前，对刘老师说："一刻钟前，整个学校里突然断电。我刚要出去察看一下原因，一伙人顺着大门就冲了进来。我看见他们人很多，赶紧躲在门后，他们好像偷走了图书馆里的三本珍贵的藏书。""这些抢劫犯有什么犯罪特征吗？"刘老师疑惑地问。

"他们一共五个人，每个人手里都拿着一个手电筒。我从门缝后面，借着手电筒的光看见其中一个领头的人，他的脸上有一条长长的刀疤。"门卫大叔赶紧解释说。

刘老师思考了一会儿，然后冷冷地说："你的谎言一定都不高明，真正的小偷是你自己吧！"

你知道刘老师从哪里识破了门卫大叔的破绽吗？

破案秘"匙" THE KEY

首先，门卫大叔说已经停电了，自己躲在门后，那么他怎么确定丢失的藏书的数目呢？

其次，手电筒射进门缝时，躲在暗处的人是不可能透过强光看见抢劫犯的。门卫大叔还说自己看见了抢劫犯脸上的一道疤，很显然在瞎编。

湖中凶杀案

正是寒冬时节，外面纷纷扬扬地飘着雪花。时间一分一秒地在倒计时，终于尖锐的下课铃声响起来了。所有的老师和学生都迫不及待地收拾好自己的"装备"，准备回家吃一顿热气腾腾的晚餐。

校园里顿时忙碌起来，雪地上留下一串又一串参差不齐的脚印。正在大家冒着大雪纷纷赶路的时候，突然从学校东南角的湖边传来一阵撕心裂肺的呼喊："救命啊，救命啊！"

校园里的几个小侦探闻声赶到湖边，原来是一个高个子的男孩在呼救。看见有人过来，他赶紧解释说："快救救我的朋友吧，他掉进了冰窟窿里。"

小侦探立即跳进水中，费了九牛二虎之力，才将他的朋友

拖上岸，可是，他的朋友已经断气了。小侦探从大个子男孩的眼神中察觉出不对劲："请问，你的朋友是怎么掉进冰冷的冰窟窿里的？"

大个子男孩神色紧张地说："我们约好到这里滑冰，可是他刚走上湖面就听见'咔咔'响声。我怀疑是冰块裂开了，但他却说没事。说完瞬间，我可怜的朋友就掉进冰里了。"

"那你呢？"小侦探穷追不舍地问。

"我也立即跳下去找他，但是没有找到。我也无能为力，只能站在岸边呼救。我在这叫了半个小时，才有人过来帮助我。"高个子男孩故作镇定地说。

小侦探上下打量了一下高个子男孩，又看了看刚刚打捞出死者的冰窟窿，冰窟窿上面已经重新结了一层薄冰。小侦探盯着高个子男孩，说："你应该和我们去警察局。"

高个子男孩说自己的朋友落水是个意外，为什么小侦探就断定他其实是杀人凶手呢？

破案秘"匙" THE KEY

在寒冷的冬天，冰面上的水很容易就结冰了。

可是高个子男孩却说自己已经试图下水救朋友，但是没有救上来。之后又在岸边呼救了半个小时，难道他的身上不应该有冰吗？

高个子男孩的身上确实是湿漉漉的，但是一点冰都没有，可见，他是在不久之前跳下去的。

神秘凶器

宁静的自习室里没人敢说一句话，同学们都在专心致志地学习，准备迎接下周的期末考试。外面的冷风从门缝悄悄钻进来，夹杂着"呼呼"的响动。如果是谁单独坐在这里上自习，一定会被这可怕的声响吓丢了魂魄。

正在大家都在聚精会神复习时，突然一声悲惨的叫声从窗外传来。所有人都被吓得毛骨悚然，难道这个可怕的自习室真的有鬼吗？

悲惨的叫声又一次响起，这回班主任终于坐不住了。他站起身走到窗边，沿着声音听去，好像这诡异的声音是从对面的实验楼里传来。"是呼救声，你们有谁愿意陪我去一趟？"班主任严肃地问。

随即，几个胆大的男学生尾随着班主任来到实验楼门口。可是此时，楼里的呼救声戛然而止。班主任顿时觉得大事不妙，立即叫来其他几个年轻的老师，大家一同用力将紧锁的房门撞开。

房门被打开后，一股神秘的气息

朝所有人袭来，仿佛每走进一步，就会有一股凉风攻击一下后背。再往房间的深处走，"天哪！"伴随着一个男同学的尖叫，大家看见了一个恐怖的画面。

教化学的张老师躺在地上，满头都是血。身边的一位女子好像精神不正常，正在大口大口地啃着玉米。从现场的情况分析，一定是张老师很晚没有回家，他的妻子来学校找他。可是正巧，张老师的妻子精神病发作，就趁张老师做实验的时候，将他击倒在地上。

但是有一点十分可疑，张老师的妻子手里只有一根玉米，她是用什么将张老师打得满头是血呢？

班主任沉思了一会儿说："我知道张老师的妻子是用什么当作凶器的了。"

在场的所有人都百思不得其解，你知道凶器究竟是什么吗？

破案秘 "匙" THE KEY

班主任发现张老师的妻子在啃玉米的时候很费劲，也就是说玉米一定是刚从冰箱里拿出来的。冰冻后的玉米又硬又结实，自然可以当作凶器来攻击人。

游戏中的蹊跷

学校门口最近来了一个老大娘，她的到来给同学们带来了许多乐趣。

每天放学都看见老大娘身边摆放着许多可爱的毛绒玩具和四驱车模型，那些精致的东西吸引了我们所有人的目光。老大娘看见一群人围拢过来，就微笑着说："这些可爱的玩具可以免费送给你们，只要你们赢了我。我的游戏规则是：拿着我手中的藤圈，站在5米以外的白线处，向你喜欢的玩具上套。如果你套中了，玩具就是你的。但是我还有一个规则，每套一次要5毛钱。"

老大娘的话充满诱惑力，只要花5毛钱就有机会得到自己心爱的玩具，这是多美好的一件事呀！于是，有很多同学都跃跃欲试，想看看自己的手气。

可是经过了几个回合，居然没有一个同学能拿走老大娘的玩具。为了不让周围的观众灰心，老大娘神秘地说："我的这些玩具充满了魔力，自然不会被轻易套走。"

校园里的名侦探明明已经在这里观察了好长时间，他似乎已经看清了这里面的蹊跷。于是他花一元钱买了两个藤圈，将第一个故意投到老远。老大娘离开去捡远处的藤圈，这时明明将第二个藤圈准确地套在一辆小汽车模型上。

大家都惊呼起来，只有老大娘快被气昏了。

明明对老大娘说："你是个大骗子，以后不要再到学校门口骗人了。"

你知道明明是怎样看穿老大娘的把戏的吗？

破案秘"匙" THE KEY

原来，老大娘的腰间放着一大块磁铁，而藤条里面是金属丝。每个同学在套玩具的时候，老大娘都会在旁边。当藤圈就要套在玩具上时，里面的金属丝就会被老大娘腰间的磁铁吸引，最后落在地上。

明明在套第二个藤圈的时候，老大娘正在远处捡第一个藤圈，所以就不会受到磁铁的引力，自然可以套在玩具上。

救命的急刹车

夜已经很深了，学校门前的马路上没有一个人影。昏黄的路灯透过层层树叶打在斑驳的大马路上，偶尔有几声狗吠，好像在向人们预示着，这是一个恐怖的夜晚。

刘老师是一个兼职司机，他经常在这条马路上开车，所以对学校周围的环境特别熟悉。这天夜里，刘老师正好路过学校门口，看看时间，已经午夜12点多了。刘老师决定赶紧回家睡觉，可是突然一个神秘的身影出现了。

一个身强体壮的男子从学校跑出来，后背背着一个黑色的大袋子。伸手拦住刘老师的车，然后带着浓重的口音说："我有急事，能送我一程吗？"

刘老师觉得他很可怜，于是将车开动了。从反光镜中，刘老师觉得这个"可怜"的男子十分眼熟？刘老师还在思考这个人究竟在哪里见过。突然，一个冰凉的东西指到了他的头顶上。那是一把明晃晃的手枪，这时，刘老师突然想起了，这个男子肯定就是前几天警察一直在找的抢劫犯。听说他已经在

学校里作案多起，偷过很多值钱的东西。

刘老师的心都要提到嗓子眼，可害怕也没用，现在只能按照抢劫犯的指令继续开车。车子大概行驶了500多米，前方不远处正好是一个大转弯。"机会来了！"刘老师心想，于是加大油门，汽车就像长了翅膀一样向前飞驰。

眼看就要到急转弯了，刘老师猛的一踩油门，下面的轮胎发出刺耳的摩擦声。随着汽车剧烈的颤动，坐在刘老师后面的抢劫犯已经昏倒过去。

你知道刘老师是凭借什么将抢劫犯绳之以法的吗？

破案秘"匙" THE KEY

刘老师的急刹车是有准备的，但抢劫犯没有丝毫防备，急刹车的瞬间好像有一个巨大的力量推动身体，抢劫犯就一头撞在了玻璃窗上，实际上，刘老师利用了惯性的原理，当汽车做匀速直线运动时，人和车就会保持同样的速度前进。当急刹车的时候，车子突然不动了，但人还在保持着原来的速度运动，自然就会向前撞去。如此强烈的撞击当然能让他昏迷。

谁是纵火犯

　　宽敞的教学楼从一大早就被一种沉闷的气氛笼罩着，可能是这几天太阳公公太开心了，每天都张着老大的一张脸。

　　班主任李老师独自坐在办公室里，这样闷热的天气让人感到莫名其妙的烦躁。骄阳似火，李老师懒洋洋地坐在办公桌前打瞌睡。突然，他好像想起了什么。一只手伸进衣兜里，摸出半包烟和一个打火机。可奇怪的是，打火机怎么打都打不着，李老师低头一看，哦，原来打火机没油了。

　　幸好李老师身边有一小罐昨天做实验剩下的汽油，只见李老师会心一笑，将汽油倒进了打火机里。可是在倒汽油的过程中，不小心倒多了，李老师赶紧用纸将溢出来的汽油擦干。

　　经过李老师的一番处理，打火机真的重新打着了。李老师

欣喜地点起一支烟，倒上一杯凉水，享受着这个愉快的晌午。但李老师不知道，灾难正在悄悄走来。

大约过了一个小时，李老师已经睡着了。突然办公室里浓烟四起，火苗从窗户向外蹿。当人们推开李老师办公室的房门时，发现李老师已经晕倒过去。

究竟是谁在故意纵火，难道有人要谋杀李老师？大家开始询问李老师事情的经过，但是谁也没理出头绪。这时，"机灵鬼"蒋小枫说话了："其实，放火的人是李老师自己。"

"啊？"同学们都疑惑不解，你知道这是为什么吗？

破案秘"匙" THE KEY

其实大火就是李老师不经意间点燃的。玻璃杯盛满水后就相当于一个凸透镜，当阳光透过"凸透镜"聚焦到沾满汽油的废纸时，由于纸的燃点很低，强烈的阳光很容易就可以将纸引燃。

冬夜凶杀案

　　一个寒冷的冬夜，雪花簌簌地从空中飘落。寂静的校园顿时成了银白色的世界，一大块一大块雪花将一棵棵干枯的老树压得弯腰低头。如此没有生气的校园，好像在预示着恐怖的事情即将发生。

　　此时已经是深夜11点多，张老师的手机突然尖锐地响了起来。

　　"张老师，我是学校的门卫呀！我刚才看见对面居民楼里闯进了劫匪，你快过来吧！"电话那头的人慌慌张张地说着。

　　张老师迅速赶到门卫所说的那间居民楼，房间的门是紧锁的。张老师用力撞开房门，让他惊讶的是，房间里居然全都是热气腾腾的水蒸气。眼前是白蒙蒙的一片，张老师只能摸索着向前走。突然，脚下好像被什么东西绊了一下，张老师立刻低下头去看。"啊！"原来是女主人的尸体。

张老师经过仔细察看，原来是厨房内的煤气炉上生着火。上面一壶水已经被烧干，也许这正是房间里都是热汽的原因。女主人的卧室里灯还开着，然而，紧闭的窗户却只掩上了半边窗帘。

张老师经过仔细检查过后，问报案的门卫说："你是怎么发现这里出事的？"门卫义正词严地说："我在学校里执勤，无意间透过对面房间的窗户，发现里面有一个戴眼镜的男子，估计他就是杀害女主人的凶手。"

张老师听后，冷冷地说："根据我的判断，你才是真正的凶手，跟我去警察局自首吧！"

分析一下，门卫的哪句话证明了他在说谎？

破案秘"匙" THE KEY

在寒冷的深夜，由于被害女主人的房间里都是蒸气，所以在窗户上一定会蒙上一层雾气。因此，即使窗帘拉了一半，外面的人也不可能看见室内发生的一切。很显然门卫在说谎，真正的凶手就是他。

黑暗中的开枪者

学校又要举行一年一度的艺术节，听说这一次请来的是著名模特苏珊小姐。她可是国内著名的模特，听说学校为迎接苏珊的到来还特意请工程师装饰舞台，还花巨资请来了化妆师。

艺术节正式开始，璀璨的灯光刺着人们的眼睛。经过几番表演之后，这场晚会的主角就要出场了。

场上的气氛顿时热闹起来，台下的观众挥舞着手里的荧光棒欢呼。当苏珊隆重地走上舞台时，现场的灯突然全部熄灭，整个屋子一片漆黑。所有观众都骚动起来，惊恐的呼喊声响成一片。5分钟之后，灯渐渐亮起来了。可是令人惊讶的是，舞台上的苏珊已经倒在了血泊中。

为什么在如此漆黑混乱的环境中，凶手可以准确地断定苏珊的位置呢？

校园侦探队开始对此进行调查，他们发现在停电期间，有人用无声手枪从200米以外开枪杀害了苏珊。经过仔细地侦查，根据凶手开枪的位置，侦探队已经将嫌疑人缩小到很小的范围，其中一个是作家，一个是校长，还有一个是苏珊的助手。

校园侦探队的队长仔细查看了一下苏珊的衣服，然后果断地说："凶手一定就是助手！"

仔细思考一下，为什么小侦探断定凶手是助手呢？

破案秘"匙" THE KEY

凶手既然可以在黑暗中那么准确地瞄准目标，那么一定是借助了某个光源。小侦探在苏珊的衣服上发现了荧光粉，而且，涂抹荧光粉的位置正好是苏珊的心脏部位。

苏珊所有的服装都是由助手为她安排的，所以，小侦探断定助手就是凶手。

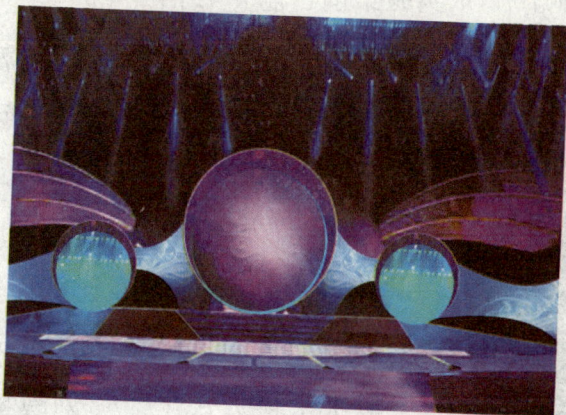

半个苹果

一天深夜，李警官正在警察局整理卷宗，突然，响起了一阵急促的电话铃声。李警官接过电话，打电话的正是学校的刘教授。

刘教授在电话里紧张兮兮地说："刚才我接到了一个匿名电话，对方威胁我把我们刚刚研制出来的一种抗生素交给他，不然他就要杀了我。"

李警官听了刘教授的话，迅速赶到学校实验楼。实验楼的门虚掩着，李警官察觉到大事不妙，赶紧往房间里面跑去。果然，刘教授躺在一张实验桌前，脸色苍白。

李警官赶紧扶起刘教授，刘教授慢慢睁开眼，胆怯地问："劫匪走了吗？"

"大概30分钟前，我正在吃苹果，突然就接到那个匿名电话。然后我就第一时间通知了您，可是劫匪们似乎来得太快了。"刘教授继续怯怯

地说。

李警官以敏锐的察觉力看见了桌上的那个吃了一半的苹果居然露着白色的果肉，然后不解地问："劫匪是在30分钟前来过的？"刘教授毫不迟疑地点点头。

这时李警官抓着刘教授的手，冷笑着说："我看劫匪是你花钱雇来的吧？真正想独吞新发明的人应该是你吧？"

刘警官根据什么推断刘教授在说谎呢？

破案秘"匙" THE KEY

根据常识，没有吃完的苹果裸露在空气中，半个小时后，白色的果肉会变成黄褐色。而教授桌上的苹果却是白色的果肉，很显然劫匪不是30分钟前来的。

鸡蛋里的毒针

　　一场神奇的魔术表演就要拉开序幕，魔术表演的场地设在学校里最宽敞的会议厅。会议厅是一间很宽敞的屋子，屋子里陈旧的桌椅让人感觉有点恐怖。听说，很多同学都曾看见过一个黑影在会议厅里穿梭，难道这里真的有传说中的"鬼"？

　　魔术表演正式开始，著名魔术大师飞儿走上舞台，面前的桌子上放着几颗刚煮过的鸡蛋。他向大家深深地鞠了一躬，然后拿起一颗鸡蛋就放在嘴里。我们还没弄清他在耍什么把戏，鸡蛋已经不见了。难道吃鸡蛋就是他要表演的一个魔术吗？

　　台下的同学们开始发出"嘘嘘"声，随即，见证奇迹的时刻出现了，魔术师将鸡蛋又奇迹般地从嘴里吐了出来。难道刚刚没有吞进肚子里吗？同学们看得目瞪口呆，一边鼓掌一边央求着再来一次。

　　这一次，魔术师的动作更麻利了，没等同学们从上一个精彩的表演中缓过神来，他就将一颗鸡蛋放进了嘴里。同学们又一次欢呼，可是，魔术师的表情却僵住了。同学们还在等待着奇迹再一次发生，可是魔术师身子一晃，硬生生地躺在地上，口吐白沫。

　　医生迅速赶到，可是死神比医生还快。医生从魔术师的喉咙中取出那颗刚吞下去的鸡蛋，居然从鸡蛋里发现了一根毒针。可是鸡蛋中怎么会有毒针呢？鸡蛋是魔术师当着大家的面剥开的，我们确定鸡蛋是完整的，根本就没有针眼儿。在场的所有人都疑惑不解，这时我们的"小发明家"微笑着说话了："我知道毒针怎么放进鸡蛋里的，凶手只不过用了一点小伎俩。"

　　仔细想一想，你猜出凶手是怎样将毒针放在鸡蛋里，又让鸡蛋表面看起来完好无损的吗？

破案秘"匙" THE KEY

　　魔术师所用的道具鸡蛋一定是经过别人做过手脚的。只要凶手事先将鸡蛋浸泡在醋里，这样鸡蛋壳就会变弱，然后将毒针轻轻扎进鸡蛋里。这时即使扎进了毒针，鸡蛋也不会破，并且可以将毒针封存住。再将鸡蛋从醋中拿出，等鸡蛋再次变硬后，就会和正常鸡蛋一样，没有任何毒针的痕迹。由此推测，谋杀魔术师的凶手最有可能是他的道具师。

学校门口的骗子

　　学校门口最近来了一个神秘的人，高高的身材，一身黑色的大褂。同学们都有些奇怪，这样一个古怪的男子来到学校门口想要干什么呢？

　　走近几步，你就会听见他洪亮的叫喊声："新鲜的苹果，卖苹果了"，原来他是一个卖苹果的人。他卖的苹果个儿大，而且便宜，自然吸引了很多同学的目光。

　　可是几天过去了，有很多同学的爸爸妈妈开始反映，他卖的苹果全都不够称。莫非他是一个骗子？爱管闲事的李老师知道了这件事，于是他决定亲自考察一番。

　　那天天气晴朗，远远又听见了卖苹果的人叫卖的声音。李老师背着手走到他身边，卖苹果的人正在给一个小同学称苹果。只见他一个一个地向秤盘里放苹果，然后一蹲下，秤砣就起来了。接下来几个小同学称苹果都是这样，只要卖苹果的人一蹲下，秤砣马上就会翘起来。这

时，李老师心里有了数，可是该如何揭穿这个人的诡计呢？

这时，李老师的小女儿从学校里跑出来。李老师一见，办法来了。他急忙喊住女儿，让女儿将书包中的铁质文具盒拿出来。于是李老师假装拿着这个铁质文具盒里去买苹果，他悄悄来到卖苹果的人身边。此时，卖苹果的人又在称苹果。李老师将铁质文具盒往他的衣袖旁一挥，只见文具盒像浆糊一样被贴在他的衣袖上。

周围的所有人都看见了这一幕，大家一致认为卖苹果的人是一个大骗子。那么，你明白这其中的道理了吗？

破案秘"匙" THE KEY

神秘男子的衣袖里一直藏着一块大磁铁。他在为别人称苹果的时候，只要衣袖靠近秤砣，无论秤盘上的苹果是不是足够，秤砣都会翘起来。而李老师恰恰利用了磁铁的原理，磁铁对秤砣有引力，对铁质的文具盒一样有引力，所以大家看清了这个人的小伎俩。

黑夜中的盗贼

漆黑的夜晚，天上没有一颗星星。安静的校园已经完全被黑暗笼罩，这样的黑夜会有什么离奇的事情发生呢？

实际上，从入冬以来，学校里发生了无数次抢劫案。作案时间大多是在夜间，手段也基本相同。这一系列的盗窃事件，已经严重扰乱了学校的秩序。学校保卫科的叔叔们一致认为，这些抢劫案是同一个人所为。为了抓住这个可恶的盗贼，今天晚上章叔叔决定留在学校里看个究竟。

突然，一个身穿黑色羊毛衫，头戴黑色面具，手上拿着防

身铁棍的神秘男子躲在教学楼的拐角处。他不时地东张西望，好像在观察着周围的动静，准备随时行动。可能是夜晚真的太黑了，章叔叔和这个可疑男子都没有看到对方。

可疑男子确定自己的处境是安全的，他迈步走向楼上的校长室。也许是恶人有恶报，教学楼门口的一个大垃圾桶将他绊倒了，可疑男子立即摔了一跤，摔得满身是土。他在心里骂道："今天真是出师不利，晦气呀！"可是他嘴里不敢出声，只能悄悄地将黑色羊毛衫脱掉，抖抖身上的脏土。

说时迟，那时快，已经等待多时的章叔叔一个箭步冲了上去，将可疑男子抓了个正着。伸手不见五指的深夜，没有一点灯光，章叔叔是怎样将盗贼绳之以法的呢？

破案秘"匙" THE KEY

漆黑的深夜，确实很难看清身边是否有人。但是可疑男子在脱掉羊毛衫的瞬间，经过摩擦产生了静电。伴随着静电就会有微弱的电火花产生，即使这么微弱的电火花在黑暗中也是很容易被发现的，所以章叔叔看清了盗贼的位置。

夜半枪声

夜静得可怕，如死一般沉寂，时值深秋，万物凋零，在这静谧的夜里，校园里似乎已不见任何有生命的东西在走动。"砰"的一声，不知从哪儿传来一个隐隐约约的枪声。

403寝室的陈浩然用脚踢了踢上铺的床板："思亮，思亮，你听见声音了吗？像枪声！"吴思亮揉了揉惺忪的睡眼："没听见啊，你最近看多了侦探小说，产生幻觉了吧？"说完，扭头又睡着了。陈浩然仔细听了听，再没听到任何动静，他怀疑自己可能真是听错了，迷迷糊糊地也进入了梦乡。

第二天上完早自习，刘猛冲了进来："大新闻，大新闻，六年（3）班的徐老师昨晚被杀了！"吴思亮嘲笑刘猛："瞎说，刘猛你又爆假料！""警察都来了！"陈浩然猛地想起昨晚他听见的枪声，看来，那不是他的幻觉，他风一般地冲出了教室，吴思亮和刘猛也跟了出去。

他们来到了学校北门的一处小平房，徐老师因为养了一只羊，所以他申请单独住到这个小平房里。陈浩然他们到了之

后，警察已经封锁了现场，陈浩然听见两个警察正在讨论案情："这肯定是他杀。""是啊，枪是在10米外的羊圈里找到的，被害人不可能朝脑袋开了一枪后，再把枪放到10米外的羊圈里去。"

"我知道是怎么回事了！"一直在旁边专心听警察说话的陈浩然突然大声说道，那两个警察诧异地看着陈浩然。其中一个警察有了兴趣，他倒想看看这个小孩能有什么新看法："这个小同学，你来说说看。"陈浩然说："徐老师的死不是他杀，而是自杀！原因就是……"等陈浩然说完，警察连连点头，赞同他的看法，吴思亮和刘猛也冲他竖起了大拇指。

陈浩然到底说了什么？他依据什么断定徐老师是自杀的呢？

破案秘"匙" The key

徐老师在小型手枪上连接了一条长纸条，然后把纸条的一端喂给爱吃纸的羊。纸条被一点点吃掉，手枪也随之拉进羊圈。

椰子杀人案

"啊！"一声恐惧的尖叫直冲云霄，正在沙滩上练习排球的佟雨听到了，皱了皱眉头："这个陈霖霖又鬼吼鬼叫什么？"佟雨和陈霖霖是同班同学，因为学校紧挨着海边，所以体育课老师有时会带他们到沙滩上玩。

"不好了，死人了！"另一个同学边跑边喊，全班同学听到喊声，纷纷朝他说的出事地点跑去。等到了出事地点，眼前的一幕让他们吓呆了：一个身穿泳裤的年轻人倒在一棵大椰子树下面死去，他的太阳穴被打破，有血流出来，并且已经凝固变干。女生们都吓得捂住了眼睛。佟雨和几个胆大的男生往前仔细看了看，他们发现尸体旁边有一个大椰子，椰子上还沾有血迹，椰树下的沙地上留着动物爬过的痕迹。

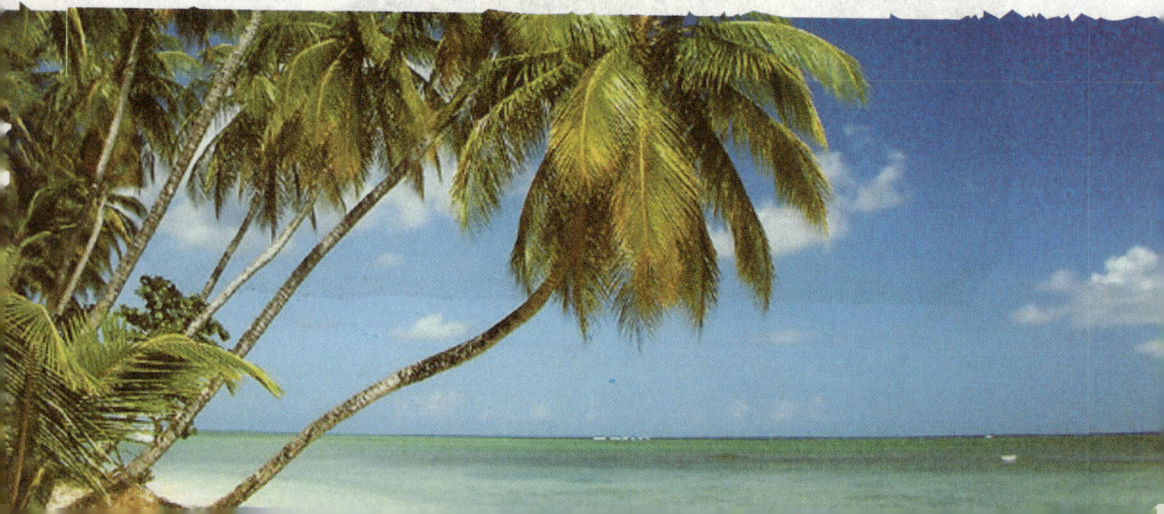

"这可能是椰蟹爬过的痕迹。"一个男生说。

"我知道了，肯定是这个人在树下睡觉时，有一只椰蟹爬来，爬上椰树，用自己的大剪刀剪断椰柄掉在树下，椰子正好落在睡觉的这个人的头上。"班里一个绰号叫"菠萝"的小胖子肯定地说道，说完还挑衅地看了佟雨一眼。他一直不满佟雨被大家称为"小福尔摩斯"，所以自己号称是"小波络"（波络是著名女侦探小说家阿加莎·克里斯蒂笔下的杰出神探），不过大家都管他叫"菠萝"。

这时，体育老师也上前看了看："看尸体的情况，像是死了才一个多小时，也就是中午一两点钟左右。"佟雨用手托着下巴沉思了一会儿："如果老师说得没错的话，这就不是事故死亡，而是杀人案件呀！罪犯用椰子打击被害人头部将他杀害后，伪装了树下的椰蟹的足迹，让椰蟹当了替罪羔羊。"

"什么，什么，是他杀？你说说是为什么？""菠萝"听到佟雨的推断，不满地嚷起来，非让他给出个解释。

那佟雨的解释是什么呢？

破案秘"匙" The key

椰蟹是体重1.5千克左右的大型甲壳类陆生寄居蟹。白天钻进海岸的洞穴内，几乎不出来，而在夜里活动。因此，绝不会发生大白天被害人在椰树下睡觉而椰蟹爬到椰树上把椰子剪掉的事情。即使在夜里，椰蟹爬到树上，它也不具备剪断椰蒂的力量，因为椰子的果蒂是坚硬的纤维物组成的，不是椰蟹能够剪断的。

音乐老师之死

"一边上着晚自习，一边听着秦老师吹小号，真是一大享受啊！"李铭做着练习，脚上还配合着小号声打着拍子。由于教学楼和单身教师公寓的楼距比较近，所以只要上晚自习，大家能清楚地听到音乐老师秦老师练习小号的声音。

这天，秦老师吹的是一首高亢的曲子，李铭痴迷地听着曲子渐渐由低音走向高音："真不愧是咱们学校的音乐鬼才，太好听了！"突然，一声爆炸声让音乐戛然而止，爆炸声来自秦老师的房间。

警察很快赶到了现场，他们发现秦老师当场死亡，而且在现场，发现窗户玻璃碎片里还掺杂着一些薄薄的玻璃碎片，可

能是乐谱架旁边的桌上装着火药的一个玻璃杯发生了爆炸。奇怪的是室内并没有火源，也找不到定时引爆装置的碎片。如果不是定时炸弹，为什么定时引爆得那么准确呢？真不可思议！

为了进一步了解案情，警察来到李铭班上了解情况，看看能不能从中找到新的线索。大家都七嘴八舌地说了起来，虽然说了不少，可是似乎没有一条信息是有用的。李铭坐在座位上没动，他的脑袋飞速地转动着，希望能为警方提供线索，让警察早日破案，查出真凶，帮秦老师报仇。

突然，李铭猛地从座位上站了起来，像想起什么似的，挤开围在警察旁边的同学："爆炸前秦老师正在用小号吹高音，爆炸会不会和这个有关？"通过李铭的这条线索，警察很快识破了罪犯的手段，正如李铭所说，爆炸果然与秦老师用小号吹高音有关。

这到底是怎么回事呢？

破案秘"匙" The key

罪犯趁秦老师外出时，悄悄溜进屋里，往火药里掺上氨溶液和碘的混合物。如果在氨溶液里掺入碘，在湿着的状态时是安全无害的。但干燥时它的敏感度超过TNT炸药，哪怕是高音量的震动也会引发爆炸。所以，秦老师用小号吹奏高音的一刹那，声波震动了烧杯里的炸药引起了爆炸。

名画失窃案

　　三辆车飞驰在大学里一条似路非路的车道上，两侧的法国梧桐树在顶上相互交叉，形成一片浓荫。车里分别坐着三个古董商，他们是要去拜访本市一位有名的收藏家李老。李老原是大学的教授，退休后把精力都放在了收藏方面，最近他收藏了一幅珍贵的画，价值连城，他逢人便夸。

　　车停在了一栋别墅前，李老亲自出门迎接他们。一阵寒暄之后，李老把三人迎入珍藏室，只见古玩陈列架上端端正正地放着一只檀木珍宝箱，李老边介绍，边打开箱子，那幅名画使来客们赞不绝口。随后，李老合上珍宝箱，用一张涂满糨糊的白色封条封好，然后邀请三位来客到客厅叙谈。

　　言谈间，李老发现三位来客有一个古怪的巧合——三个人的右手指上都有点小小的毛病，A的食指也许是发炎，涂了紫药水；B的拇指明显是被划破，涂上红药水；C的拇指大概被毒虫咬肿，搽上碘酒。大家似乎谈兴大发，三位来客先后离席外出上完厕所后，回来依旧是谈笑风生。

这时，李老的儿子——化学老师李明带着李老的孙子李文博回家。李明还没有机会看那幅画，所以一回来就让李老带他去看画。当李老撕下湿漉漉的白色封条，打开箱盖时，突然发现画不见了。这一惊非同小可，他浑身瘫软。李明和李文博唤醒他之后，问明了经过，然后扶着他来到客厅，把名画失窃的事向三位来宾说明，然后风趣地说："尊敬的先生们，这幅画不会是飞到你们身上了吧？"三位来宾耸耸肩膀，双手一摊，异口同声地说："这绝不可能。"

　　李文博跑到三位古董商面前，看看这个的手，看看那个的手，三个人以为是李文博调皮，也都没放在心上。李文博看完后，胸有成竹地指着其中一个人说："偷画的人就是你！"李明赞许地看着儿子。

　　聪明的读者，你知道李文博指的那个人是谁吗？

破案秘"匙" The key

　　李文博在见到C的拇指呈现蓝黑色后断定偷画的人就是他。因为封条上的糨糊未干，假如是A或B两人动过封条，那么手指上的药水在碰到涂的白纸条时，纸条上必然会留下紫色或红色的痕迹。现在纸上没有发现任何痕迹，则排除了A、B。只有当碘酒涂过的手指与糨糊接触时，手指上的碘酒颜色会发生反应，由黄色变成蓝黑色。所以偷画的人是C。

寻找被害人

平静的校园再生波澜，这一切缘起于在校园小树林里一具被烧焦的男尸。

"哎，你们说这警察都在咱们学校待好几天了，不知道进展如何？"刚一下课，五年（3）班的几个侦探迷就凑到一起讨论起案情来。

李宇撇了撇嘴："别说凶手，现在连死者的身份都还没搞清楚呢。"

"也是，这个案子太难办了，听说尸体全身都烧焦了，漆黑一团，一点儿线索也没留下。可奇怪的是，死者上衣口袋里装着十几块方糖，压在尸体身下却没烧化。"陈子真想起前两天无意中听到警察的话。

"方糖？奇怪，被害人身上带方糖做什么？"小胖子马克说。

陈子真接着说："目前警察锁定了三个人，他们三人现在都失踪了。一个是酒店老板，星期六的夜里在酒吧喝了酒之后去向不明。据说，当时他身上还带着两万块钱。"

"谋财害命，肯定是谋财害命。"嘴里的巧克力还没来得

及咽下去，马克就大声嚷嚷起来。

"听陈子真说完，还有两个人呢，着急下判断可是当一名侦探的大忌。"李宇对马克摇了摇头。

陈子真接着往下说："另一个是一个年轻能干的公司职员，据说从大学时代就喜欢骑马。说是星期六中午去骑马俱乐部练习，离开宿舍后，再也没见回来。他可是一个花花公子，也许是情杀呢。"

"还有一个，"陈子真停顿了一下，"是晚报的记者，星期六没去采访，而是一大早就钻进了麻将馆，一直玩到晚上9点多钟，说是去洗桑拿浴，走后便去向不明。因为上周发表了赛马的潜规则，所以可能被人怀恨在心杀掉了。"

马克失望地挠了挠头："这样啊，那就是说这三个人都有被害的理由。"

"更要命的是，三个人的年龄、身高几乎相同，血型也一样。尸体都被烧化了，也无从判断指纹。"

"难怪警察这么多天也没查出被害人是谁呢？可真是棘手

啊。"李宇也跟着他俩陷入沉思，"不过，他们三人都与马有关，真奇妙！"

"啊，我知道了！"陈子真跳了起来，"李宇的话给了我灵感，我知道被害人是谁了！"

究竟陈子真猜的被害人是谁呢？

破案秘"匙" The key

马爱吃方糖，那具烧焦的尸体上带着方糖，一个男子身上带着方糖出门，按一般人的想法是不可能的事，除非是有什么需要才会带着。这样一想，那具尸体的身份就清楚了。他就是那个年轻职员，那方糖是他在骑马俱乐部练习骑马时喂马用的。

第三章

巧断数学
谜案

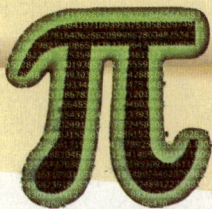

作案时间

星期一的早上，天空弥漫着数不清的沙粒，眼前一片昏黄，仿佛世界末日就要到来。

打扫卫生的张阿姨是个极其胆小的人，她独自走在校园的林荫小路上，忍不住每隔几分钟就回头看一下。也许是因为糟糕的天气，她总是觉得今天会有什么离奇的事发生。

张阿姨心惊胆战地走了十几分钟，终于到达了目的地——化学实验楼。看见实验楼那斑驳的大门，张阿姨又有点紧张起来。推开门，里面弥漫着一股浓重的酒精味儿。潮湿阴暗的几间大房子里只有两个小窗户，耳边还有节奏地响起"咔咔"的声音，张阿姨知道那是墙上陈旧的老座钟。

张阿姨继续向前走，突然，她似乎被什么绊住了。张阿姨情不自禁地低头一看。"啊！"她顿时脸色煞白，原来，是一具浑身是血的尸体躺在地上。张阿姨颤抖着离开实验楼，将看到的一切讲给校园

的小侦探们听。

小侦探们行动迅速，转眼间就来到了"事发地点"。他们立即辨认出躺在地上的死者就是学校里教化学的毛老师，发现现场有很明显的打斗痕迹。桌上的烧杯和试管都支离破碎地落在地板上，墙上的老挂钟也被摔在板凳上。地面上到处都是血迹。

当大家都在紧张地检查现场遗留的证据时，小侦探队的成员大明注意到了一个细节。他看看地上的挂钟，时间很显然已经不准确了。于是他将时间调整为当时的7点钟，过了一会儿，时间显示为7点15分时，挂钟却奇迹般地报时了，响亮的钟声正好敲了10下。

大明兴奋地呼喊起来："我知道凶手作案的时间了，一定是前一天的9点45分！"

认真思考一下，你知道大明推断作案时间的依据是什么吗？

破案秘"匙" THE KEY

当小侦探将挂钟的时间调至7点时，7点15的时候，挂钟报时为10点。那么也就是说案发时，挂钟掉落的具体时间差15分钟到10点，很显然就是9点45分。

书里的钱哪儿去了

　　同学们的课间活动真是丰富多彩，所有同学都在享受这短暂的休息时间时，突然而来的"啪"的一声，吸引了所有人的注意。大家的目光瞬间都停在小刚和皮皮的身上，原来，刚才那一声是皮皮将一本数学书摔在了小刚身上。随即，一场激烈的战斗开始了。

　　"赶快把我的钱拿出来！"皮皮凶狠地说。

　　"你诬陷，我才不会动你的钱！"小刚不服气地说。

　　"肯定就是你拿的！我的钱明明就在书里夹着，你拿了我

的书之后，钱就不见了！"皮皮更加激动地喊着。

"我就是没拿……"小刚为自己的行为继续辩护。

两个人一直在争吵，那激烈的场面，好像都要将对方吃进嘴里。经过两分钟的争吵后，更加可怕的事情发生了。

皮皮伸出拳头直接打在小刚的脸上，小刚也不示弱，一脚踢在皮皮的肚子上。如此混乱的局面，所有的同学都不敢上前去劝说，幸好机灵的班长找来了班主任老师。

看见老师来了，两个人都停止了厮打。当班主任老师问清楚事情的原委之后，他转头看向皮皮，问："你确定把钱放在书里了？"皮皮使劲地点头。

"那么，你把钱放在书里的哪一页了？"谁也不知道老师究竟要做什么。

皮皮说："就放在57页和58页之间，我确定！"

班主任老师笑着说："小刚是无辜的。皮皮，你和我到办公室去！"

同学们都没有理清头绪，你知道班主任老师为什么断定皮皮在说谎吗？

破案秘"匙" THE KEY

因为书的第57页和58页正好是正反两面，皮皮说自己的钱就放在57页和58页之间，很显然，他在说谎。

可疑的16点30分

学校的校园小歌手大赛进行得如火如荼，第一轮比赛一共角逐出三位选手，他们分别是欢欢、玲玲和小欣。她们都是非常有实力的小选手，但是第一名只有一个，而且奖品很丰厚——2000元奖学金。

时间在进行倒计时，还有三分钟，最后的决赛就要开始了。"欢欢呢？她怎么还没来？"欢欢的舞蹈老师焦急地问。她找遍了所有的化妆间和厕所，可都没有欢欢的踪影。

一分钟过去了，两分钟过去了……还有最后的40秒钟了。难道欢欢出事了？主持人也开始纳闷了，欢欢是这台晚会上最有可能夺冠的小选手，她是不会放弃比赛的

时间来不及了，即使欢欢没来也不能再等了，看看台下的观众都在窃窃私语。主持人装作没事发生一样，大步走上舞台并宣布比赛正式开始。

话音刚落，观众顿时沸腾起来。一个满脸是血，浑身脏兮兮的女孩走上舞台。是欢欢！

欢欢拿过话筒说："今天在我来参赛的路上，突然接到一个神秘电话。电话里的人要我16点30分到学校门口与她见面，

否则就杀了我。"

欢欢的声音变得哽咽，接着带着哭腔说："我按照电话中的指示做了，可刚到学校门口就被几个蒙面人一阵拳打脚踢，最后还丢下一句话——看你怎么参加比赛！"

台下的观众顿时炸开了锅，"一定是另外两个选手干的！""我们要找出真相，还欢欢一个清白！"

站在角落里的小侦探大勇听完欢欢的话后走到小欣的身边问："我听说，你的父母都是播音员？"小欣用颤抖的声音回答："是又怎样？"

大勇迅速走上舞台，肯定地对大家说："你们不用再找了，打电话的人就是小欣。"

破案秘"匙" THE KEY

"16点30分，学校门口见面。"这句话暴露了打电话的人的身份。因为正常情况下，人们会说"4点半"，只有长期从事播音行业的人，或是经常接触播音员的人说话才会这样。从欢欢的话中可以得知，打电话的人想让欢欢退出比赛，那么就可以打电话的人是小欣了。

开了几枪

　　学校的实验楼是一个十分诡异的地方，简陋的教学楼被建在一大排奇形怪状的古柏后面。由于这栋实验楼是十几年的老建筑，所以土墙上爬满了青苔。每到夜晚，淡淡的月光洒在古柏树上，实验楼上就会出现成百上千个"佝偻老人"的身影。

　　这一天，王教授独自在实验楼里工作。认真的工作让他忘记了时间，也忘记了夜晚实验楼里的"幽灵"传说。月亮悄悄爬上树梢，实验楼里出奇地安静。也许这样的安静，预示着死神的临近。

　　时间在一分一秒地逝去，不知道为什么，王教授突然悄无声息地倒在地上。白色的大褂沾满鲜血，脸色惨白，面部

狰狞。难道实验楼里真的出现了夺命的幽灵？

校园侦探队的小成员们闻声迅速赶到，在王教授的尸体上发现了两个枪洞，一个在左边小腿上，另一个在心脏上。根据初步断定，凶手使用的一定是无声手枪。可奇怪的事情发生了，小侦探在实验楼的玻璃上只发现了一个子弹射穿的孔。难道王教授身上的另外一枪不是由窗口射进来的？

小侦探们都疑惑不解，可是确确实实没有从其他地方找到子弹射穿的痕迹。这时，侦探队的小成员高峰惊奇地叫起来，原来他找到了一个弹孔开出"两枪"的原因。

仔细思考一下，高峰找到的答案是什么呢？

破案秘"匙" THE KEY

其实凶手确实只开了一枪，只不过当时王教授如果正好处在弯腰的状态。子弹从窗口射入，射穿王教授的腿部，然后射进他的心脏，这样就制造出凶手开了两枪的假象。

拿了多少钱

学校的食堂是一个充满欢声笑语的地方，但是不要以为这样的快乐可以一成不变，意外可能就在一瞬间上演。

一个阳光明媚的晌午，伴随着清脆的下课铃声，同学们都飞也似的向食堂的方向跑去。饿得咕咕叫的肚子正在与时间抗衡，美味的饭菜正在等着大家。几分钟后，几乎所有的同学都找到了一个合适的位置，安静地坐下来吃饭。

"不许跑！"只听见食堂管理员叔叔大声呼喊。随后，几个小男孩从众人身边匆匆跑过，管理员叔叔紧随其后。这一幕吸引了所有人的眼睛。"不会就是他们吧？""他们肯定就是前几天偷钱的几个小孩！"顿时，议论声充满了整个食堂。

食堂里的气氛顿时变得紧张起来，十几分钟过去了，只见管理员叔叔带着四个小男孩重新回到大家的视线中，所有人都停下了手中的筷子。

可能是为了将功补过，四个小男孩中最大的最先站出来开口："我承认，前两天我们确实拿了食堂叔叔的钱，但我只拿了总数的三分之一。"

接着，第二个男孩说话了："我也只拿了剩下钱的三分之一。"

第三个小男孩看看大家，也不好意思地说："我只拿了他们两个人剩下的三分之一。"剩下最小的男孩，他同样红着脸说了实话："我胆子小，只拿了剩余钱的四分之一。但是我拿完之后，还剩下6元钱。"

食堂管理员叔叔已经被几个小男孩的话说懵了，你知道他一共丢了多少钱吗？

破案秘"匙" THE KEY

其实这个案子很简单，我们在侦破的过程中应该采取逆向思维。

根据最小的小男孩的话，可以推断6元钱即是总数的四分之三，也就是说第三个小男孩拿完以后还剩8元钱（$6 \div 3 / 4 = 8$）。

根据第三个小男孩的话，8元钱应该是总数的三分之二，也就是说第二个男孩拿完以后，还剩12元钱（$8 \div 2 / 3 = 12$）。

根据第二个男孩的话，12元钱应该是总数的三分之二，也就是说第一个男孩拿完以后，还剩18元钱（$12 \div 2 / 3 = 18$）。

最后根据第一个男孩的话，18元应该是偷钱总数的三分之二，也就是一共拿走了27元（$18 \div 2 / 3 = 27$）。

这样，案子就彻底解开了，四个小男孩一共拿了食堂管理员叔叔27元钱。

谁有时间作案

　　今天是一个秋高气爽的好天气，现在正是课间休息时间，为什么平日里热闹非凡的操场上，今天却没有看见一个人影呢？看看周围那些凋零的树叶，好像在向人诉说着这里发生的一切。

　　原来昨天下午17点零6分，就在学校的操场上，发生了一起惊人的命案。死者是校园里无人不知、无人不晓的篮球王子——张天意。

　　当时，许多同学都在操场上踢足球，突然从篮球场地传来一声清脆的枪响，随即张天意倒在血泊中。校园侦探楠楠立刻展开了调查，希望从张天意的事发现场找到凶手留下的蛛丝马迹。经过了半天的苦苦寻找，劳动终于没有白费。楠楠在张天

意的口袋里发现了一张秘密"文件"，上面列举着三个曾经对他一直耿耿于怀的人。

楠楠分别找到这三个人，其中两个是足球教练，一个是橄榄球教练。张天意被杀的当天下午，三个人分别都在带领自己的球队参加下午三点开始的球赛。

其中第一个足球教练在离学校10分钟路程的"英姿"体育馆，由于他的球队与对手踢成平局，所以被迫延时再决胜负。第二个足球教练是在离学校20分钟路程的体育场参加一场冠军决赛。而橄榄球教练带领自己的球队在距离学校60分钟的体育场馆进行友谊比赛。同时，被证实每一个教练在比赛结束吹哨的时候都在场。

楠楠仔细考虑了一番，立即做出了准确的判断，他说："凶手一定是第二个足球教练！"

动脑筋想一想，为什么第二个足球教练有作案时间呢？

◀破案秘"匙" THE KEY ▶

一场橄榄球赛需要80分钟，加上60分钟的车程，橄榄球教练无论如何也不可能在17点零6分到达作案现场。所以首先将橄榄球教练排除。

足球赛一场是90分钟，第一位足球教练在参加下午三点开始的锦标赛。但他的球队与对手踢成平手，需要进行加时赛，这样还得延长30分钟。加上中间休息的15分钟，所以他也没有时间作案。第二位足球教练参加冠军决赛，比赛时间90分钟，加上中间休息的15分钟，再加上20分钟的车程，他完全可以在事发之前一分钟，也就是17点零5分到达事发现场。

扑克牌的暗示

　　学校对面有一家高档五星级酒店，与校园里陈旧的教学楼形成鲜明的对比。光看那金碧辉煌的装饰就知道那里一定住着很多有钱的大老板，但是离奇的血案也频频在那里发生。

　　呼啸的警笛声打破了教室里的沉静，大家心里猜测肯定又有一个大人物丧命了。这时，正在教室上课的刘老师接到一个神秘的电话，随即慌慌张张冲出教室。

　　原来酒店里被谋杀的是刘老师的妹妹，她的尸体在包间里被一个服务员发现，而且身上携带的巨额财产已经不翼而飞。小侦探阿强尾随着刘老师，来到事发现场。但是阿强经过仔细检查，却没有发现凶手在现场留下的任何痕迹。难道这是一个技艺高超的犯罪团伙？正在这时，阿强注意到了一个细节，刘老师的妹妹手上居然拿着一张扑克牌。

　　死者在临死关头，手里捏着一张扑克牌，这一定另有用意。聪明的

阿强看着扑克牌在嘴里念叨"牌，牌……"，突然，他尖叫了一声："我知道凶手在哪里了，快跟我去314房间找找！"

开动你的脑筋想想，死者手里的一张扑克牌与314房间有什么关系呢？

破案秘"匙" THE KEY

"牌"字的谐音就是"π"，"π"即是数学上的圆周率。而人们通常将圆周率取作3.14，所以死者就是在用这张扑克牌提醒大家，凶手就住在314房间。

英语老师的名字

一个漆黑的夜晚，警局的张叔叔正在整理着文件。窗外已经没有了白天的喧嚣热闹，办公室里昏黄的灯光被黑夜的宁静笼罩着。

突然，一阵急促的电话铃声打破了宁静。张叔叔迅速接起电话，原来，报案的人是刘红的妈妈。刘妈妈紧张地说："我的女儿突然不见了，我怀疑她一定是被绑架了。您快到我家里来一趟吧，我家就在新华大街25号。"

张叔叔以最快的速度赶到刘妈妈的家里。"现在请你将你女儿被绑架的全过程跟我描述一下！"张叔叔开门见山地说。

"昨天晚上10点多，有人敲门。"刘妈妈回忆说，"敲门的人说他是我女儿的老师，于是我就将门打开，并邀请他到楼上我女儿的房间。"

"那个人长什么样子？"张叔叔接着问。

"看起来有30多岁，戴着眼镜，很斯文的模样。可是他还戴着一个鸭舌帽，几乎将脸都盖住了，所以也没看清他的长相。"刘妈妈带着哭腔回忆说。

"那你怎么知道你女儿被绑架了呢？"张叔叔耐心地问

着，生怕错过什么细节。

"已经深夜12点多了，我觉得那个老师应该走了。于是我上楼到女儿的房间看看，结果，女儿和老师都不见了。"刘妈妈已经紧张到了极点，一边擦着眼泪，一边说着。

于是，刘妈妈将警察张叔叔带进女儿的房间，可是在刘红的房间里没有留下任何的脚印和指纹。正在张叔叔发愁的时候，他发现了一个古怪的东西。在刘红的台历上草草地写着"7、8、9、10、11"这样几个字。难道这其中有什么蹊跷？

刘妈妈这时说出了一个重要的嫌疑人——刘红的英语老师、Jason。

张叔叔仔细思考着台历上写着的字母，并联系刘妈妈说的嫌疑人，说："哦，我知道了。凶手一定就是那个Jason。"

破案秘"匙" THE KEY

因为在英文里，7月、8月、9月、10月、11月的单词分别是July、August、September、October、November。这几个英文单词的首字母组成正好为JASON，也就是刘红的英语老师的英文名字。

停止的时间

　　清晨，万哲和同学王子清一走进学校，就发现学校气氛有些不对劲。平日安静的校园显得有些嘈杂，行政大楼前停着好几辆警车，旁边围着不少老师和同学。不过，警察已经用警戒线把行政大楼围了起来，不让闲杂人等进入。

　　万哲捅了捅王子清：“有热闹，走，看看去！”他俩挤进了围观人群，才知道原来是财务室的保险箱被撬了，里面的钱全被拿走了。

　　这时，一个警察匆匆走进来，拉着刑警队长说：“刚才接到报案，说在护城河发现了一具尸体，死者正是这里的财会人员，是被谋杀后抛尸河里的。”他边说边从公文包里拿出一个造型独特的手表，“这是从死者身上找到的，找到时表已经停了。不过……”刑警队长拿过手表：“不过什么？这可是一个重要线索。”警察嗫嚅着说：“第一个发现手表的是一个新手，他可能出于好奇，结果把手表指针拨弄了几

圈……" "这个笨蛋，在学校老师是怎么教他的。"刑警队长气得破口大骂。"我已经骂过他了，他现在唯一记得的是，当时时针和分针正好重叠在一起，而秒针停在表面上一个有斑点的地方。"

刑警队长听后，看了看手表，表面上有斑点的地方是49秒，现在需要确定时针和分针的位置，这样才能确定抛尸的确切时间，可是怎么确定呢？"我有办法，我有办法！"万哲大声冲刑警队长喊着，引得大家纷纷向他看来。和刑警队长说话的那个警察对万哲说："你能有什么办法？别看热闹了，赶紧上课去。"刑警队长拦住了警察，说："小同学，你倒说说看，你的办法是什么？"万哲把自己的推测和刑警队长说了一下，刚说完，法医的验尸报告出来了，他说的时间与报告的时间非常一致。

万哲是怎么推断出这个时间的呢？

破案秘"匙" The key

在12小时内，时针与分针有11次重合的机会。我们知道，时针的速度是分针的1/12，因此，在上次重合以后，每隔1小时5分钟27秒，两针就要重合一次。在午夜零点以后，两针重合的时间是：1时5分27秒，2时10分54秒，3时16分21秒，4时21分49秒。最后这个时间正好符合秒针所停留的位置，因此它就是万哲所确定的时刻。

奇怪的车牌号

学校门前是一条繁华的街道，这里整天人来人往，车水马龙。尤其到了同学们上学和放学的高峰期，由于车辆太多，更是交通事故频频发生。老师每天都会提醒我们注意交通安全，可还是有些同学在这里发生意外。这不，恐怖的交通事故昨天又在这里上演。

放学的铃声清脆地响起，大家都飞奔出教室。突然，斑马线上一辆轿车飞驰而去，"哎呀"一声，一个男同学倒在血泊中。

很多同学都立即围过去，可是肇事司机却在大家的一片惊呼中匆忙逃走。校园警察立即赶到事发现场，他打算从大家的嘴里找到一点肇事凶手的线索。

身边的一位高个子同学说："当时我正坐在爸爸的车子上，我看见一辆车飞奔而去，车牌号应该是1801。"

校园警察立即记录下来这个证人提供的这个车牌号，并且马上联系警察局搜捕这辆车牌号是1801的汽车。可是几个小时过去了，警察局告诉他说这个车牌号根本就不存在。

难道肇事的车不翼而飞了？校园警察感到这其中定有蹊

跷，于是看着证人提供的车牌号又进行了认真分析。经过反复查看，他紧锁的眉头终于舒展开了，"哈哈，我知道肇事司机的车牌号了！"

聪明的小读者，你知道校园警察是如何知道肇事司机的车牌号了吗？

破案秘"匙" The key

校园警察想，证人提供的车牌号虽然是空号，但是肇事车辆一定与这个车牌号有关。

证人说自己正坐在爸爸的车里，那么看到的肇事司机的车牌号一定是从反光镜里看见的。而反光镜里的车牌号与实际一定是相反的，也就是与1801相反的一组数字，一定就是1081。

谁的作案时间准确

黑夜渐渐笼罩上静谧的校园，空荡荡的校园里一片漆黑，只有图书馆里亮着一点昏黄的灯光。这个时间图书馆里应该没有人，为什么里面会有灯光呢？

果然在第二天清晨，学校就爆出一个惊人的消息：图书馆里所有珍贵的藏书全部不翼而飞。这时，五年（1）班的刘刚站出来说："我们首先应该请图书馆值班的叔叔们来一趟，或许他们知道犯罪分子的作案时间。"因为刘刚的父母都是非常优秀的警察，所以他具有一定的分析能力。

校长立即叫来都在值班室休息的五个值班人，刘刚在一旁为他们的回忆做笔录。

张叔叔说："从夜深人静的24点到凌晨1点，这段时间是最容易发生盗窃案的。"

王叔叔说："从半夜1点开始，我在图书馆巡逻了两个小时，没有发现任何异常。"

李叔叔说："入夜24点前和凌晨3点以后，通常不会发生盗窃

事件。”

赵叔叔说："在凌晨3点以后，是值班人最疲惫的时候，最容易发生盗窃。"

最后一名刘叔叔说："案件的发生应该是在上半夜，因为这个时间对于盗窃者来说有足够的逃跑机会。"

几位值班叔叔提供了自己的看法后，刘刚认真地思索起来。突然，他兴奋地说："你们中只有一个人说的是对的。"

破案秘"匙" The key

对于五个值班叔叔提供的话，我们不妨做一个表格（是作案时间的划"√"，不是作案时间的划"×"）：

	23:00	24:00	1:00	2:00	3:00
张叔叔	×	√	√	×	×
王叔叔	√	√	×	×	×
李叔叔	×	√	√	√	×
赵叔叔	×	×	×	×	√
刘叔叔	√	√	×	×	×

通过观察表格可以看出，在2:00里，竖行中只有李叔叔划了"√"。那么，也就是说只有李叔叔说的作案时间是正确的。

图书在版编目(CIP)数据

校园秘案/袁毅主编. —武汉:武汉大学出版社,2013.3(2015.4 重印)
(中国青少年科学馆丛书:彩图版)
ISBN 978 – 7 – 307 – 10600 – 0

Ⅰ.校… Ⅱ.袁… Ⅲ.①智力游戏 – 青年读物 ②智力游戏 – 少年读物
Ⅳ.G898.2

中国版本图书馆 CIP 数据核字(2013)第 056444 号

责任编辑:刘延姣　　责任校对:杨春霞　　版式设计:王　珂

出版发行:武汉大学出版社　　(430072　武昌　珞珈山)
　　　　(电子邮件:cbs22@ whu. edu. cn 网址:www. wdp. whu. edu. cn)
印刷:三河市燕春印务有限公司
开本:710×1000　1/16　　印张:10　　　字数:60 千字
版次:2013 年 3 月第 1 版　　2015 年 4 月第 2 次印刷
ISBN 978 – 7 – 307 – 10600 – 0　定价:29.80 元